AF368654

PARIS. — IMPRIMERIE DE COSSON,
rue Saint-Germain-des-Prés, n° 9.

DE L'INFLUENCE
DE LA DÉMOCRATIE

SUR LA LIBERTÉ,

LA PROPRIÉTÉ ET LE BONHEUR DE LA SOCIÉTÉ,

PAR UN AMÉRICAIN ANCIEN MEMBRE DU CONGRÈS.

PRÉCÉDÉE

D'UNE INTRODUCTION PAR HENRI EWBANK.

Londres 1835.

> L'anarchie et l'ordre dans le gouvernement sont à notre choix ; si nous succombons, ce sera par notre propre faute. Nous prouverons ainsi au monde étonné combien le bonheur public, qui nous est offert par le ciel a eu peu d'influence sur notre détermination. Les avantages d'une terre fertile, d'un climat sain, de lois inestimables, tous ces bienfaits peuvent être perdus par cette génération frivole, ingrate et perverse.

TRADUIT DE L'ANGLAIS

PAR M. H.... J....,

Traducteur de plusieurs ouvrages historiques et politiques.

PARIS,

CHATET, LIBRAIRE-ÉDITEUR,

PLACE DU PALAIS-ROYAL, 243.

1835.

INTRODUCTION.

La publication d'un livre étranger reçoit bien quelque prix du nom de son éditeur; mais à son auteur seul en revient tout le mérite. L'éditeur a rempli sa tâche, quand, après s'être formé une juste idée de la valeur du livre, il l'a jugé digne d'être présenté au public et le lui a offert. Comme ce n'est pas son œuvre qu'il a à défendre, s'il a mal jugé, il reste complétement responsable de ses erreurs. A moi donc tout le blâme si l'homme d'état, daignant jeter les yeux sur le livre que je publie, n'y trouve pas quelques uns de ces guides que cherche le navigateur en interrogeant sa carte, de manière à pouvoir gouverner le vaisseau de l'état au milieu des écueils et des dangers qui entravent toujours la marche de la liberté.

Je ne vois donc pas qu'il y ait présomption de la part d'un simple éditeur à tenir ce langage, à moins qu'on ne trouve que ce soit être présomptueux qu'être sensible au mérite d'un autre, ou qu'il y ait orgueil à vouloir s'instruire par la sagesse de ceux que nous nous sommes habitués, parce qu'ils descendent de nous, à regarder comme nous étant inférieurs. Mais que dis-je, inférieurs ? N'est-il donc pas d'usage aujourd'hui de regarder les Américains comme nos maîtres sous le rapport de la liberté? Et quel est celui de nos niveleurs qui n'en appelle avec emphase aux États-Unis d'Amérique, pays dont ils ne connaissent rien, sinon qu'il ne s'y trouve ni roi ni religion d'état.

Je suis loin de leur faire un crime d'une pareille prédilection, puisqu'il est convenu, dans notre temps, de se laisser conduire par les théories plutôt que par l'histoire. Mais je repousse de toutes mes forces l'idée de corroborer la théorie en en appelant à un fait équivoque, quand ils ne sont l'un et l'autre que le produit de l'imagination.

Les États-Unis d'Amérique ont sans doute joui, depuis l'établissement du gouvernement fédéral , de toute la liberté compatible avec l'existence de la société ; et partout où la liberté répand ses bienfaits inestimables, l'homme peut développer toute son énergie. Ce qui est bon émane de l'homme : il porte la vie dans le désert, et rien n'est impossible à une population active et industrieuse.

Mais en admettant, et nous le faisons avec plaisir, que la liberté de la constitution ait été favorable au développement rapide des ressources du pays , nous devons reconnaître en même temps que sa grande prospérité lui est aussi venue de l'heureux concours de causes naturelles et politiques. La véritable question n'est pas de savoir si le désir de la liberté tend à éveiller l'énergie du peuple , car c'est une vérité rendue incontestable par l'expérience; mais bien de savoir si la liberté des Américains est fondée sur des bases assez solides pour qu'ils en transmettent les bienfaits à leur postérité; si leur constitution est tellement supérieure qu'on puisse nous la présenter comme un modèle à imiter; et enfin s'il est convenable et prudent de détruire la partie de nos institutions qu'il a plu aux Américains de ne pas adopter.

Quelle que soit la difficulté qu'on puisse rencontrer dans l'examen de ces questions, elle ne peut, sans aucun doute, venir de nos anciennes institutions, car il n'existe pas dans les États-Unis une société qui se soit formée sans leur intervention et qui ne soit empreinte de leur bienfaisante influence. Il y a tant de rapports entre les deux nations, que là où les institutions manquent, leur effet se laisse encore deviner. La corde qui a été touchée ici, vibre partout où l'on parle la langue anglaise. J'en citerai pour exemple la tendance à la modération qui distingue l'établissement et la constitution de notre église nationale dans la démonstration des vérités religieuses. Nous la devons, cette modération, au caractère de nos ministres et à leurs bons ouvrages, qui, peu connus chez nous, sont réimprimés et répandus dans toute l'étendue de l'Union. A cet égard, je citerai un ministre presbytérien qui se vantait d'avoir trouvé le moyen d'introduire dans nombre de familles plus de soixante-quinze copies des *Commentaires de Scott sur la Bible.*

On doit à la plume des ministres de l'église d'Angleterre un très-grand nombre d'ouvrages de théologie à l'usage des chrétiens des différentes dénominations; et ces ouvrages, qui opèrent le bien dans la société anglaise, ont la même influence de l'autre côté de l'Atlantide. Toute la jurisprudence de l'Amérique a été puisée à la source de notre loi commune; mais, en greffant de nouvelles institutions sur les anciennes, ce n'est pas à dire qu'elles étaient inhérentes au sol et qu'elles y avaient puisé leur perfection actuelle: elles n'ont fait que perfectionner le bien qui existait déjà.

Loin de moi de reprocher à l'Amérique les avantages qu'elle peut avoir retirés de notre exemple : c'est un droit dont elle a usé. Nos titres étaient les mêmes ; et dans l'esprit de fraternité, qui existe entre elle et nous, nous pouvons seulement réclamer le droit d'aînesse. Nous avons la même origine, la même langue ; dans les deux nations, il existe une même ardeur pour la liberté, un même sentiment de la vraie religion, une appréciation semblable du bonheur domestique, une même solidité de caractère ; et, quoi qu'en disent les démagogues, les deux nations jouissent des mêmes avantages ; et si le sol diffère dans sa production, les bienfaits de la Providence n'en sont pas moins réels dans les deux pays.

Toutefois, j'éprouve une véritable indignation quand, en parlant des affaires de l'Amérique, on a la fureur d'en comparer la position à celle des nôtres, pour en conclure en faveur d'un gouvernement plus populaire que celui sous lequel nous vivons, comme si le bonheur et l'aisance d'un peuple dépendaient de ce plus ou moins de popularité, et si l'on ne savait exactement à quoi s'en tenir à cet égard, aujourd'hui qu'il est reconnu que les vertus et les talens de Washington et de ses lieutenans ont été impuissans à donner à la constitution une sauvegarde pour empêcher la république de dégénérer en une pure démocratie, et conséquemment pour prévenir cette licence qui tôt ou tard finira par la perdre.

La démocratie ressemble à ces poisons que recèlent les fruits les plus appétissans avant leur maturité. Un grand nombre de circonstances se sont combinées pour donner de la durée à la constitution des États-Unis; mais dans ces combinaisons ne se trouvent pas les élémens qui pourraient assurer cette durée. Une population peu nombreuse, des villes séparées par de grandes distances, la différence des gouvernemens locaux, une populace toujours si facile à émouvoir par le prétexte d'une disette; toutes ces circonstances n'offrent pas, il est vrai, aux démagogues, un champ assez vaste pour y exercer leurs projets; mais ce qui a le plus contribué à éloigner

le jour fatal de la discorde civile, ce sont les insti-
gations et les conseils venus de l'étranger.

La réunion compacte d'action et de volonté, qui
servit si bien les vues du gouvernement, quand les
armées anglaises étaient sur le champ de bataille,
ne suffisait pas en temps de paix pour obtenir les
moyens de payer les salariés des diverses parties
du gouvernement. Heureusement la faction était
jeune encore, et sous les auspices de Washington et de ses dignes émules, Hamilton et Fisher-
Ames, l'exemple rare et imposant d'un peuple
qui confère les plus grands pouvoirs à un gouvernement pour son bonheur, fut donné au monde
entier. Ce peuple fut assez heureux pour recueil-
lir d'immenses avantages dans l'affermissement
de sa liberté, quoique le gouvernement, qui, à
raison des habitudes du peuple, était peut-être
pour lui le meilleur de tous les gouvernemens,
ait été néanmoins regardé comme ayant une tendance trop prononcée vers la démocratie. C'est
ce qu'en ont pensé ses meilleurs amis, et c'est
cette triste conviction qui a donné lieu à l'écrit
qu'on va lire. Si ses prédictions ont tardé jusqu'ici à s'accomplir, peut-être le doit-on à ces
avertissemens, venant de l'étranger, dont nous
venons de parler.

La révolution française qui, à quelques égards,

avait du retentissement jusque dans les États-Unis, a empêché le mal que Washington redoutait tant, c'est-à-dire les divisions territoriales de l'Union. L'esprit de parti reçut cependant le reflet des flammes livides du *volcan gaulois* ; et cet esprit malfaisant, ayant autant de rapport politique avec l'Europe qu'avec l'Amérique, mit la division dans les États-Unis ainsi que dans le gouvernement fédéral. Cet événement détourna pour un moment l'attention publique des différentes localités, jusqu'à ce que la fatale collision avec ce pays vînt réveiller les anciennes idées révolutionnaires, et absorber ces petites querelles dans le grand intérêt de tous pour combattre l'ennemi commun.

A l'époque de la paix, je visitai les États-Unis, et je n'oublierai jamais l'impression profonde que fit alors sur moi le sentiment vraiment national dont je vis l'élan. Des succès partiels avaient fanatisé le peuple, et chaque citoyen semblait se réjouir par anticipation de la grandeur future de son pays. Si ce sentiment ne peut pas se justifier par lui-même, nous, comme Anglais, avons-nous le droit de le condamner? Il était de nature au moins à leur procurer un grand bienfait: celui de l'union. Cependant, combien peu de temps il a fallu à la démocratie pour altérer et flétrir les principes précieux du républicanisme ! Oser , à cette époque, parler de la division des Etats, eût été, de la part d'un étranger, se faire regarder avec le dédain qu'inspire l'ignorance ; de la part d'un citoyen, c'eût été commettre un crime. Aujourd'hui c'est le sujet de toutes les conversations , et probablement le motif réel , quoique non avoué, du parti que l'on appelle *nullification*.

Déjà la violence que l'on remarque dans les élections des grandes villes, donne la preuve de la licence qui conduit à l'anarchie, et plus tard au despotisme : déjà la loi n'est plus écoutée dans ces momens d'agitation. Lors des dernières élections de Philadelphie, la paix n'a été que faiblement maintenue, et encore l'a-t-on dû à ce que l'on connaissait les préparatifs faits pour repousser la violence par la force; mais là où ne s'étendait pas l'action de l'autorité, le parti que l'on accusait de n'être pas populaire, fut assailli avec la plus grande force; et la populace, d'abord reçue avec une vigueur à laquelle elle ne s'attendait pas, fut repoussée et perdit beaucoup de monde ; mais elle revint bientôt à la charge, et furieuse de n'être pas admise, elle mit le feu à la maison où se tenait l'assemblée.

Dans les grandes villes, chaque session est un temps de crise pour les citoyens paisibles et industrieux , et un sujet de crainte pour la paix de la communauté et même pour la vie et les biens de quiconque appartient au parti impopulaire. Le parjure et la corruption triomphent alors avec audace. Ainsi il est notoire qu'à la dernière élection de Philadelphie, des hommes de la plus basse classe ont été recrutés sur les canaux , et amenés dans les divers quartiers de la ville pour figurer aux élections. On a vu le cens payé au moyen de souscriptions, et des gens sans aveu obtenir la preuve de résidence; devant de tels méfaits, on a vu trop souvent aussi le juge, vendu à la faction, fermer les yeux, espérant que l'infamie du parjure disparaîtrait sous le voile du scrutin.

Pour ne pas fatiguer le lecteur de mes propres observations, je veux me borner à mettre sous ses yeux la peinture de la démocratie, traitée de main de maître par notre auteur; et si la voix d'un témoin oculaire, d'un républicain et d'un des plus ardens amis de la liberté a le droit de se faire entendre, alors les hommes sages réfléchiront et s'arrêteront à temps; au lieu de se précipiter dans le chaos du *gouvernement de tous* , ils abandonneront l'idée séduisante , mais trompeuse, que *confier le pouvoir politique au peuple est le moyen d'augmenter la liberté*.

Fisher-ames a vécu à l'époque des grands événemens de l'Amérique. Il était jeune encore au commencement de la révolution qui sépara les colonies de la mère-patrie, et il était membre du congrès à l'époque où Washington était président des États-Unis. Après sa mort, ses écrits furent recueillis et publiés à Boston en 1809, sous le titre de *Réflexions de Fisher-Ames*, avec une préface historique sur sa vie et son caractère. Ils se composent des discours qu'il prononça concernant les affaires publiques, depuis 1806 jusqu'à 1807, et dont plusieurs furent d'ailleurs reproduits par les journaux du temps.

Le but de l'auteur dans ses écrits, celui de ses premiers éditeurs, le mien enfin aujourd'hui, a été de bien établir les principes qu'il a professés, principes jusqu'ici cachés, ou du moins enveloppés du manteau de l'opinion du jour.

Nous avons pris ce livre américain page à page, en élaguant toutefois les passages qui seraient aujourd'hui inutiles ou inconvenans, et nous nous sommes appliqués à arranger le reste de manière à conserver fidèlement ce qui tient essentiellement au caractère et au mérite de l'auteur.

Nous n'avons pas la prétention de détruire toutes les allusions américaines, en ce qu'elles sont familières au lecteur anglais. Mais quelle qu'ait été l'intention de l'auteur d'emprunter les noms de *Camillus* ou de *Falkland*, nous prendrons sur nous de n'en faire aucune mention.

Ces quelques chapitres, que nous lui devons, le font intervenir aujourd'hui, sans qu'il ait pu le prévoir, dans des débats auxquels ses principes sont éminemment applicables. Il a cependant été inévitable d'y faire quelques changemens, à raison de ce que ces écrits, composés dans la chaleur du moment, portaient l'empreinte trop vive, trop locale, des circonstances et des événemens, et que les passions qu'ils soulevaient sont déjà loin de nous. Quoi qu'il en soit, je réponds de la fidélité des extraits que je présente : je ne me suis permis de changemens que dans quelques expressions, telles que état ou communauté, au lieu de république, dénomination également applicable aux deux pays, et ne pouvant en rien entraver les idées d'un lecteur anglais sur ce qui se passe de l'autre côté de l'Atlantide, puisqu'ici les mêmes scènes se passent sous ses yeux. Les notes renferment toutes un seul et même principe, pensée intime de l'auteur qui, dans ses discours comme dans ses écrits, n'a qu'un but qui occupe entièrement sa pensée, celui de prouver à ses concitoyens que *la démocratie n'est pas la liberté :* principe à l'application duquel la constitution américaine ne doit pas moins son salut que notre noble monarchie ne lui doit le sien.

Mais, dira-t-on, vous n'avez donc pas de confiance dans le progrès des lumières du siècle? L'auteur de ces notes répondra lui-même par les lignes suivantes : « Une nation peut être distin- » guée par son instruction et ses lumières, peut » être même supérieure à toute autre, sous ce » rapport : de cela faudra-t-il conclure qu'elle » a moins de présomption, moins d'ignorance en » politique, moins de légèreté et d'extravagance? » Un état composé de philosophes seulement se- » rait-il meilleur que celui formé de cultivateurs, » d'artisans et d'hommes d'affaires, dans lequel » il n'y aurait ni métaphysiciens, ni de tous ces » hommes à projets ? » Non, sans doute, ce n'est pas dans les traités de philosophie ou de physi- que naturelle, que les hommes apprennent à discuter les matières politiques; cependant on pourrait arguer en matière politique comme on le fait pour les sciences physiques, en disant que, dans la recherche des causes des phéno- mènes naturels, il est défendu d'admettre une hypothèse qui ne peut pas s'appuyer sur des principes reconnus comme efficaces. Le grand Newton ne serait jamais parvenu à expliquer le mouvement des corps célestes par le principe de la gravitation, s'il n'avait pas commencé par prouver son existence universelle, autant que l'observation et les expériences permettent de le faire.

Tous les jours on répète que nous serions bien plus heureux sous un gouvernement plus parfait que le nôtre : qu'on nous dise donc si un tel gouvernement existe, ou quel est le pays où cette théorie est mise en pratique ; et, d'ailleurs, cette forme pure et symétrique de gouvernement qu'on nous propose, comme un essai admirable de l'ingénuité philosophique, ne se trouve-t-elle pas en opposition complète avec la corruption et les passions des hommes ?

La manie insatiable des changemens, sous le nom séduisant de réforme, exige déjà elle-même de nouvelles altérations. C'est ainsi qu'avant que notre constitution fût perfectionnée, on a réclamé le scrutin secret : or, je le demande aux novateurs et les somme de le dire, l'adoption du scrutin secret aux États-Unis a-t-elle empêché la corruption ? Cette théorie s'est bientôt trouvée en défaut et contraire à l'expérience dont nul n'avait besoin pour être convaincu de tout ce qu'a de vicieux ce mode de vote. En effet, il est difficile de comprendre en quoi consiste l'avan-

tage du scrutin secret, à moins que ce ne soit
dans la facilité qu'il donne de tromper et de
mentir à sa conscience, et je ne pense pas que
l'on voudrait prétendre que son adoption sert
à prévenir les intrigues et les sollicitations de
votes ; car, si un parti repousse ces vils moyens
de corruption, pourquoi ne pas admettre qu'il
agira aussi loyalement dans un vote public
que dans un vote secret; si, au contraire, tel
homme paraissant promettre tel vote, le donne
différent, alors c'est un vil menteur, qui forfait à l'honneur, et c'est le scrutin secret qui
l'y a porté, car rendant, après les élections, la
vérification des votes impossible, il facilite la
fraude et sauve le parjure de l'infamie qu'il mérite.

A la dernière élection de New-York, on a
reconnu qu'il y avait plus de bulletins que de
votans (1). Je suis loin de penser qu'il n'y ait pas

______

(1) La forme du ballottage au scrutin a sans doute été
utile à l'Amérique, en ce qu'elle a écarté tout ce qui pouvait entraver les votes, et mis ainsi à même de pouvoir voter
celles des personnes qui ne peuvent pas parler et qui ne pourraient faire connaître leur choix. On a vu des votans venir à
l'assemblée sous l'influence de liqueurs fortes ou d'opium, et
laisser diriger leurs bras par leurs amis pour déposer leur
bulletin. S'ils avaient dû parler, ils n'auraient même pas pu

quelques moyens de parer à ces inconvéniens,
et je conviendrai aussi que beaucoup d'élections

prononcer le nom de la personne qu'ils désignaient : le moyen
donc que les réformateurs voudraient employer pour détruire
l'influence se trouve contraire à leur but. Cette innovation
peut-elle être approuvée par les hommes sages ? Le scrutin
est-il une perfection de justice et *de convenance ?* Toute con-
cession doit être examinée avant son adoption, et n'être
adoptée non-seulement qu'en raison de son propre mérite,
mais encore qu'en vue de ses conséquences. Un de mes amis,
négociant fort estimable, d'une opinion politique entièrement opposée à la mienne, me disait un jour : « Il nous
» manque trois choses, le suffrage universel, le scrutin et un
» parlement annuel. Qu'on nous donne une seule de ces trois
» choses, et bientôt nous aurons obtenu les autres....... »
« Mais, lui répliquai-je, adopter le suffrage universel serait
» mettre le gouvernement dans les mains d'hommes qui ne pos-
» sèdent rien : or, voudriez-vous vendre vos marchandises à
» des hommes qui n'ont rien ? » Et, indépendamment de l'influence que cette mesure donnerait à la démocratie, dans la
constitution, le parlement annuel maintiendrait le pays dans
un état d'anxiété continuelle, en imposant à l'état un surcroît
de charges, par l'obligation où il serait de s'occuper inces-
samment d'élections. Sans doute, il ne peut y avoir de liberté sans une infusion de démocratie dans la constitution
ou sans l'espoir de l'obtenir ; mais, par l'extension que les
réformateurs donnent à ces principes, ils convertiraient l'at-
mosphère en oxigène, et l'air que nous respirons deviendrait
bientôt inflammable.

ont été faites dans ce pays de manière à être exemptes de reproches ; mais on doit attribuer ce résultat plutôt à la moralité du peuple qu'à l'excellence du moyen. Il est du devoir de l'homme d'état de donner des institutions non seulement qui soient bonnes, mais qui ne puissent même devenir mauvaises. Les amis du scrutin secret ne seraient-ils pas les premiers à en abuser, en raison de la mobilité des grandes villes d'Amérique ? Ce n'est pas d'après la complication, mais bien d'après la simplicité d'une machine, qu'un mécanicien habile juge de sa bonté.

J'avais d'abord eu l'intention de publier ces notes sans y mettre mon nom ; mais j'ai pensé qu'il n'en peut être ainsi quand il s'agit de l'ouvrage d'un auteur qui n'existe plus, et quand surtout il a pour but d'émettre au grand jour les vrais sentimens d'un républicain américain. J'éprouve beaucoup de satisfaction à placer sous les yeux du public anglais les pensées d'un homme incontestablement supérieur ; mais mon but principal a été de donner plus de force encore au gouvernement, quels que soient les hommes qui le dirigent. Quel est le ministre fidèle à ses devoirs qui ne s'opposerait pas à ce fatal esprit d'innovation, quand tout prouve qu'il tend à détruire plutôt qu'à améliorer, et quand, pour remplir cette tâche, il est sûr de trouver un appui chez tous les hommes honnêtes du pays? Sa tâche, il est vrai, n'est pas facile; il ne dort pas sur un lit de roses, et la moindre faute peut être funeste. Aujourd'hui le vaisseau de l'état lutte avec peine contre un courant qui l'entraîne vers le tourbillon de la démocratie. Quelle est la main habile qui aura la force de l'arrêter, jusqu'à ce moment fatal où l'anarchie l'y précipitera en nous donnant le despotisme?

Les vieux appuis du gouvernement n'existent plus, si ce n'est malheureusement dans notre souvenir. Il fut un temps où la loyauté, semblable à cet instinct de notre propre conservation, faisait reculer d'effroi devant les doctrines qu'on proclame aujourd'hui, et qui sont accueillies par ceux-là même qui en connaissent le danger. Ce temps était celui où les hommes savaient se complaire dans le bonheur dont ils jouissaient, et comparant leur position et leur sort à ceux des autres peuples, se trouvaient heureux d'avoir obtenu des biens qu'ils appréciaient. Il étaient loin alors de se créer des maux imaginaires, et de décrier leurs institutions et leurs usages sous le vain prétexte que, n'ayant été que dégrossis par la main mal habile de nos ancêtres, ils manquaient du poli brillant de nos conceptions modernes (1).

Le temps n'est plus où tout gouvernement appelait les préjugés à son secours. Le gouverne-

(1) L'étrange différence qui existe entre l'opinion de nos réformateurs modernes et celle des vrais amis de la liberté constitutionnelle d'Amérique, concernant les institutions anglaises, est frappante. Après le gouverneur Morris, un sénateur qui, pendant de nombreuses années, avait admiré la constitution américaine, écrivait à un de ses amis son opinion sur l'hérédité du sénat; il s'exprimait ainsi :

« Il semblerait, au premier aperçu, qu'un pays doit être
» mieux gouverné quand la principale autorité réside dans un
» sénat permanent ; cependant il y a peu de probabilité qu'un
» corps de cette nature soit jamais établi ici ; et si l'un de nous
» en faisait la proposition, on n'envisagerait sans doute sa con-
» duite que comme la manifestation du désir d'augmenter son
» propre pouvoir. Il n'y a donc que l'expérience qui puisse
» nous porter à adopter une pareille mesure. L'idée qu'un
» homme naît avec le droit et le caractère de sénateur, est
» certes ridicule. Néanmoins l'expérience, cette respectable
» matrone que le génie consulte et que la jeunesse dédaigne,
» l'expérience, mère de la sagesse, nous dit que des hommes,
» destinés dès leur naissance à remplir un poste important,
» ne sont pas en général moins capables que ceux qui sont
» désignés par le choix populaire. . . . .
» Quand l'abus du droit d'élection aura enlevé au gouver-
» nement le respect qui lui est dû, et que la folie l'aura en-
» traîné dans des difficultés inextricables, le peuple alors sen-
» tira la force de cette vérité proclamée par un homme cé-

ment civil n'en reste pas moins l'œuvre de Dieu ; et quoique ce principe ne s'accorde pas avec la doctrine populaire qui dit que les rois et les ministres ne sont que nos serviteurs, c'est une vérité que les démagogues peuvent bien attaquer, mais jamais détruire. Un gouvernement se suiciderait lui-même, qui, en flattant par ses actes les passions du jour, saperait les bases de l'autorité jusque dans ses anciens fondemens. La droite raison et les bons principes se tiennent par la main. Le malheur est que la flatterie dégoûtante qu'on adresse sans cesse à la grande intelligence du peuple, empêche la raison de parvenir jusqu'à lui. Son esprit, aveuglé par de fausses idées, est opiniâtrément fixé sur un bien supposé, et s'occupe peu des malheureuses conséquences qui

» lèbre, *que le peuple a besoin de quelque chose pour le* » *protéger contre lui-même.* »

L'indépendance de la chambre des pairs est en ce moment le rempart le plus fort de la liberté anglaise : toute mesure qui tendrait à affaiblir ce pouvoir réduirait notre heureuse forme de gouvernement à une simple démocratie, en mettant le pouvoir entier dans les communes, et procurerait, pour dernier résultat, une véritable tyrannie qui, sauf l'exception que font les démagogues, existe déjà, quelle que soit le nom que l'on veuille donner à notre gouvernement, *monarchique, oligarchique* ou *démagogique.*

accompagnent toujours les changemens. Une seule théorie flatte l'imagination, et l'idée d'un gouvernement populaire, captivant toutes les têtes, amène à cette conclusion : *qu'il suffit de déterminer la manière dont pensent les hommes pour savoir comment ils agiront.*

Les pages que l'on va lire serviront j'espère à jeter quelque jour sur la tendance de ces fausses et destructives opinions ; la liberté y est décrite telle qu'elle peut seule exister. En repoussant l'homme vicieux, et en épousant la cause de l'homme de bien, on y prouve, par des argumens qu'il est plus possible d'éluder que de détruire, *que de l'instant où la force physique du peuple est employée dans la résistance, le peuple n'est plus rien ; qu'il peut détruire et jamais gouverner.*

Dans le portrait des nouveaux prétendus Romains, on voit la tendance des principes révolutionnaires à disposer le peuple à recevoir des chaînes, et à en forger pour les autres nations.

Ce tableau si exact du jacobinisme n'est-il pas, trait pour trait, celui du radicalisme ?

Que ceux qui voient, sans en être émus, les changemens et les révolutions, lisent leur propre sort dans l'épitaphe de Zemris l'ancien ; qu'ils se rapellent les horreurs et les massacres de la révolution française ; et, plus près de nous, qu'ils in-

terrogent Anvers, cette cité naguère si floris-
sante après la paix générale, jadis si opulente,
si active au milieu de sa vie commerciale, aujour-
d'hui si déserte, si morne, depuis la révolution
imprévue de la Belgique.

Mais que si la voix de la raison ne parle pas
assez haut pour nous porter à combattre les passions avec énergie, que du moins un principe
aussi puissant s'empare de l'esprit public; que le
devoir de la soumission et la crainte des crimes
et des ruines qui marchent à la suite des changemens politiques y dominent sans cesse. Si l'on
reconnaît en effet qu'il existe actuellement plus
d'attachement et de préjugés en faveur des anciennes institutions, qu'il n'y en avait à l'époque
de la révolution française, alors, on sera forcé
d'en conclure qu'il existe aussi plus de moralité
et de vrais principes dans la nation. La seule difficulté est d'éveiller l'attention des amis de l'ordre, qui, par goût ou par insouciance, se tiennent éloignés des affaires publiques, et de l'éveiller assez pour leur faire envisager de quel danger
il y va de laisser passer les rênes de l'État des
mains d'hommes habiles et recommandables,
par leur caractère et leur haute position, dans
celles de turbulens démagogues, qui, par leurs
beaux discours et leur licence effrénée, ouvri-

raient la porte au despotisme militaire, en foulant aux pieds ce qu'il y a de plus sacré, et ce que nos pères nous ont appris à respecter.

Le plus grand hasard, dit notre auteur, que puisse courir la liberté d'un grand peuple, peut provenir de son aveuglement sur le danger qui le menace. Une nation faible peut entrevoir sa ruine avant qu'elle n'arrive, sans avoir le moyen de la prévenir ou d'y porter remède; mais une nation grande et puissante comme la nôtre ne peut être détruite que par sa déplorable persévérance à ne vouloir point apercevoir le danger qui la menace, ou par l'apathie et l'égoïsme qui paralysent toute son énergie.

NOTICE

SUR

LA VIE ET LE CARACTÈRE

DE

FISHER AMES.

***

Fisher Ames naquit et mourut dans le même lieu, ancienne paroisse de Dedham, pays charmant, à neuf milles environ de Boston et l'une des villes principales du district de Massachussetts. Parmi ses ancêtres se trouve le révérend William Ames, célèbre prédicateur, auteur de la *Medulla Theologiæ* et d'autres ouvrages de controverse. Il avait été élevé dans le collége du Christ de Cambridge. Dans le but d'éviter l'expulsion dont il était menacé, en raison de ses principes calvinistes, il abandonna le collége pour voyager, et finit par être choisi comme professeur à l'université des états de Friesland.

En 1618 il fit partie du synode de Dort et allait émigrer vers la Nouvelle-Angleterre, quand il fut surpris par la mort, en novembre 1633.

Le père de Fisher Ames était médecin comme

I

l'avait été son père, qui résidait à Bridgewater. Sa mère était fille de Jeremiah Fisher, l'un des fermiers les plus riches et les plus considérés du pays.

Le docteur Nathaniel Ames, homme de beaucoup d'esprit, était doué d'une grande activité et des dispositions les plus aimables. Il joignait aux connaissances de sa profession, celles de la philosophie naturelle, de l'astronomie et des mathématiques. Il mourut en 1764, laissant quatre fils et une fille.

Fisher, le plus jeune de ses garçons, commença, dès l'âge de six ans, l'étude du latin, et jusqu'au moment où il entra à l'université, il reçut diverses autres instructions particulières. Il suivait l'école publique du lieu quand le maître était capable de l'instruire, mais plus souvent il récitait ses leçons au révérend M. Haven, ministre de la paroisse, pour lequel il montrait beaucoup d'égards et de respect.

Ces fréquens changemens de maître apportaient de grands obstacles à l'instruction de Fisher, sous le rapport de la littérature classique, et les progrès dont son intelligence était susceptible en furent considérablement retardés ; toutefois, son énergie naturelle y suppléa et lui fit dompter toutes les difficultés.

A peine âgé de douze ans, il fut admis en 1770 au collège de Harvard ; le professeur chargé de l'examiner ne put s'empêcher d'exprimer son admiration sur la justesse et la clarté de l'esprit de cet enfant, et déclara qu'il ne tarderait point à devenir un sujet distingué.

Fisher se faisait constamment remarquer par son application à l'étude et par la gaîté de son caractère pendant les heures de récréation. Son extrême jeunesse lui rendait cependant difficile l'étude des sciences abstraites ; mais il se distingua dans la littérature en général et plus particulièrement dans certaines branches, de sorte qu'il mérita bientôt la réputation d'élève remarquable. Sa conduite était aussi irréprochable que ses études ; jamais il ne profitait de cette liberté, qu'on pourrait appeler dissipation, que la règle des colléges, malgré sa sévérité, laisse néanmoins à la discrétion des étudians. Difficile dans le choix de ses liaisons, Fisher avait écarté de bonne heure les dangers qui peuvent résulter des mauvais conseils et des exemples plus funestes encore.

Sa bonne réputation lui avait mérité la distinction qu'un élève de quatre à cinq ans de collége obtient à peine, et surmontant toutes les tentations du vice, si fréquentes dans une réunion de jeunes gens de cet âge, il était resté pur et consciencieux dans ses habitudes.

Une jeunesse aussi exemplaire influa sur la vie entière de Fisher. L'habitude morale qu'il avait contractée ne l'abandonna jamais. Son amour pour l'étude lui fit souvent dédaigner les plaisirs les plus innocens ; et cette disposition se fortifiant à mesure qu'il prenait des années, Fisher conserva cette vertu à laquelle il dut, dans un âge plus avancé, le bonheur et le repos de la conscience.

Sa mère avait cherché de bonne heure à le disposer à l'étude des lois et, avant d'entrer au collége, il n'entrevoyait d'autre perspective que la profession d'avocat ou de ministre du culte. Cependant, pour répondre au vœu de sa mère, il s'appliqua davantage à l'étude du droit.

Fisher ayant terminé ses classes et reçu les degrés de l'université, en 1774, plusieurs années s'écoulèrent sans qu'il pût s'occuper de la nouvelle profession qu'il avait adoptée. Il ne songeait qu'aux moyens de soutenir sa mère et ses sœurs, accablées par un état de fortune des plus pénibles. Une ressource se présenta : ses bonnes études et la régularité de sa conduite le rendaient parfaitement convenable pour l'organisation des écoles de la Nouvelle-Angleterre. Il s'efforça de suivre les exemples que lui avaient donnés tant d'hommes distingués dans cette profession.

Cet utile emploi de son temps ne fut pas perdu pour lui. Il se fortifia de plus en plus dans la littérature ; et, comme il l'a dit lui-même, il dévorait avec une ardeur extrême, si ce n'est avec une sorte d'enthousiasme, presque tous les auteurs qu'il pouvait se procurer.

En 1781, M. Ames entra comme clerc dans l'étude de M. W. Tudor de Boston et ne tarda pas à donner des preuves de la rectitude de son jugement. A cette époque, les États étaient en contestation avec le le gouvernement primitif ; M. Ames embrassa leur cause, et quoique trop jeune encore pour prendre une part active à ces débats, il saisissait les moindres occasions de montrer son patriotisme. Il ne tarda pas à être choisi par ses concitoyens pour remplir une place de confiance, et il s'en acquitta d'une manière bien au dessus de son âge.

A l'époque de la ratification de la constitution

fédérale, en 1788, M. Ames se fit remarquer ; l'importance de cet acte enflamma son imagination ; il s'agissait de décider une question importante pour le pays, et de présenter le spectacle imposant d'un peuple sans gouvernement. Peu de temps après l'ouverture de la convention, M. Ames fit un discours remarquable sur les élections biennales (*celles qui ont lieu tous les deux ans*), discours dont l'éclat fut ensuite diminué par ceux qu'il prononça depuis. Ce premier discours fit une sensation prodigieuse. Dès son début dans la carrière parlementaire, M. Ames appuya sur le danger des excès de la liberté dans les républiques, comme provenant toujours des factions populaires. « Un état de démo- » cratie, disait-il, est un volcan qui renferme les élé- » mens de sa propre destruction. » Il parlait des autres parties de la constitution dans des discours dont il ne reste que des souvenirs très-imparfaits.

Cette même année il fut élu membre de la chambre des représentans, dans la législature des États qui s'assemble au mois de mai ; là il commença à déployer ses moyens et son activité. Grand avocat de l'enseignement primaire et des écoles dans les villes, comme devant contribuer à élever et à agrandir les facultés du peuple, il pensait que, sous le rapport politique, cette éducation, en se répandant partout, aurait surtout l'avantage d'apprendre à réprimer les idées fausses et trompeuses, et ne pourrait offrir d'autre inconvénient que celui de faire naître une ambition quelquefois déplacée.

Il se distingua dans cette législature en provoquant l'établissement de lois qui pussent donner aux écoles primaires l'avantage des améliorations obtenues par le progrès des lumières.

Telle était la disposition favorable envers M. Ames, qu'il fut désigné, par les partisans du nouveau gouvernement, comme un chef et un soutien du parti; il fut choisi le premier représentant au congrès par le district de Suffolk, qui comprend la capitale des Etats.

Pendant les huit années que dura l'administration de Washington, M. Ames fut toujours membre de la chambre des représentans. Comme tel, placé à la tête des hommes les plus distingués, il prit une des premières parts dans les questions majeures où il s'agissait des intérêts vitaux concernant la politique du pays.

Il serait déplacé de faire ici l'éloge des principes de de cette administration. M. Ames a dit, et cela sans vouloir flatter Washington, mais en lui rendant justice, « que le gouvernement était administré avec une » telle intégrité, une si grande bonne foi et avec tant » d'avantage réel pour le pays, qu'il semblerait avoir » eu pour but de faire un acte de bienfaisance. »

Pendant le cours de cette période, les différens départemens du gouvernement furent organisés; des allocations convenables furent votées pour le ministère de la justice, pour le maintien du crédit public et pour la consolidation d'une dette flottante considérable; un système d'impôts fut discuté et adopté dans l'intérieur, de manière à être indépendant des provenances du commerce à l'étranger; les tribus indiennes, au moyen d'un système humain et sage, fort et juste, devinrent pour le gouvernement autant d'amis réels et constans; de dangereuses insurrections furent apaisées et disssipées ; les différens existans avec l'Espagne et l'Angleterre furent arrangés honorablement, et de justes dédommagemens furent accordés pour les injures que l'on avait excitées : le pays enfin fut pré-servé du danger de voir sa destinée mêlée à celle de la France, et sa fortune laissée à sa disposition. Le gouvernement examina et prit en considération les intérêts divers, publics ou particuliers ; l'industrie reçut une nouvelle extension, et le commerce une nouvelle vie. Le travail était accompagné d'une satisfaction générale, et le pays entier entrevoyait l'avenir d'une prospérité réelle. De tous ces efforts du patriotisme, les plus grands étaient l'œuvre de M. Ames : dans toutes les questions il assumait sur lui la responsabilité de ses actes ou de ses discours ; et, toujours occupé des affaires publiques, il fut un des plus vigoureux adversaires de ce parti formidable qui, voulant agir contre le gouvernement, y mettait un acharnement des plus dangereux, en s'opposant à toutes ses mesures et en entravant le bien qui pouvait en résulter.

En 1796, à la clôture de la session, M. Ames entreprit, pour sa santé, un voyage dans la Virginie ; il y reçut les marques les plus flatteuses d'égards et de considération, tant des particuliers que du public en général.

Ce fut à cette même époque que le collége de New-Jersey, voulant lui exprimer l'estime que lui inspirait son caractère, lui conféra le titre de docteur jurisconsulte.

Sa santé se rétablit suffisamment pour le mettre à

même de suivre les séances du congrès. Cependant il n'y apporta pas cette activité qui lui était si ordinaire. Ce fut lui que l'on désigna comme président du comité chargé de porter la réponse du congrès au discours du président des États. Cette réponse avait principalement trait à la déclaration que le président avait faite relativement à cette dernière année de sa présidence. Il disait entre autres dans cette réponse : « Pour notre » pays, comme pour la liberté de la république, nous » désirons que votre exemple serve de guide à vos suc- » cesseurs, et qu'après avoir été à nos yeux l'ornement » et la sauvegarde de notre pays, vos vertus deviennent » ensuite le patrimoine de nos descendans. »

Dans les débats qui eurent lieu relativement à cette réponse au président, M. Ames fit ressortir avec son talent ordinaire les grandes qualités de Washington et les droits qu'il avait à la reconnaissance de la nation.

Cette session terminée, M. Ames, qui déjà avait refusé une nouvelle candidature, redevint simple particulier, et se retira dans sa propriété, à Dedham, pour y jouir du repos au milieu de sa famille et de ses amis, et pour joindre à ses occupations comme jurisconsulte celle de cultivateur qu'il préférait à toute autre.

Son esprit actif et ingénieux s'attacha à établir dans ce lieu toutes les améliorations dont il était susceptible, tant pour la culture des terres que pour la bonne conservation des fruits qu'elle produit ; et en cela, comme dans les affaires de l'état, il montra la même supériorité. Il apportait à tout ce qu'il entreprenait un zèle ardent qui tenait à la disposition de son caractère et qui avait pour but le désir d'être utile, en excitant chez les autres la même ardeur pour les améliorations.

Toutefois, l'étude des lois l'occupait toujours au milieu de cette vie tranquille ; et dans le but de rendre sa profession utile à sa famille, il projeta de faire de nouvelles recherches sur les lois et leur code ; mais au bout de quelques années, cette étude sèche et aride altéra sa santé, et il fut près de l'abandonner.

Il lui avait été impossible d'abandonner entièrement la politique, et moins que jamais il ne voulut le faire à cette époque (1798) où l'esprit de la nation était d'accord avec la fermeté de l'administration pour repousser les nombreuses agressions et les indignités réitérées de la France. Il ne pouvait que sympathiser avec cette disposition nationale ; et quand plus tard il reconnut la détermination qu'avait prise l'opposition de dominer le gouvernement, il publia plusieurs écrits, et entre autres, le *Laocon*, dont le but était de ranimer les esprits, de réchauffer le zèle, et de combattre et détruire la présomption du parti fédéraliste.

« Notre gouvernement, disait-il au congrès, a été » formé par la sagesse de la nation qui l'a confié à vos » vertus pour le soutenir ; si les passions l'ont fait s'é- » carter de son devoir, sachons réparer le mal, mais » ne souffrons pas l'usurpation. »

Souvent il avait dit que le gouvernement ne se soutenait que par des efforts inouïs, qui, un jour, seraient surmontés et renversés. Il le voyait sans cesse attaqué avec une fureur sans exemple, à laquelle il n'opposait qu'une défense faible, irrégulière et inconstante.

Pour mettre son pays à l'abri de ces dangers qui, pour n'être pas immédiats, n'en étaient pas moins imminens, il pensait que la presse devait être employée par des écrivains fédéralistes. Loin de lui de vouloir insinuer qu'il fallait transformer le peuple en organes politiques ou en juges des mesures et des hommes ; mais il regardait comme facile de l'employer pour donner de la force à ceux dont l'opinion avait une certaine influence dans les affaires, et surtout pour les mettre en garde contre le danger des fausses théories de la démocratie. Il ne désirait pas décerner le sceptre au parti fédéraliste, mais bien, comme il le disait, « réunir les gens de bien , propriétaires, en une mino- » rité , qui , sans être à l'abri de la domination du » plus grand nombre , pourrait néanmoins défendre et » sauver ce qui était bon à conserver. »

Tels furent ses motifs , pendant deux années consécutives , pour publier divers ouvrages politiques. Cet emploi de son temps , auquel il n'attacha pas toujours la même ardeur, ne lui fut jamais indifférent; et jamais, jusqu'aux derniers momens , il ne l'abandonna. Ces différens ouvrages étaient le résultat de ses pensées , de ses recherches et de conversations avec ses amis. Malheureusement écrits avec trop de précipitation , ils se ressentent trop souvent des travaux qui l'avaient absorbé dans la journée ; des distractions d'un voyage, de l'inconvénient d'habiter des auberges , et souvent aussi de l'occupation que lui donnaient les tribunaux. Tous montrent néanmoins l'homme tel qu'il était naturellement et la connaissance qu'il avait du vrai caractère de la démocratie ; et dans chacun de ses écrits on peut reconnaître sa rare sagacité à prévoir les effets des causes politiques.

Il a traité avec une rare habileté la politique étrangère en ce qui concernait son pays , comme aussi sous le rapport de l'humanité. « Il prévoyait, disait-il, dans » la révolution française, la disposition de la populace » et celle de l'armée en premier lieu ; puis ensuite une » hypocrisie complète de la morale. »

La politique , les principes et la puissance de la France , dans toutes ses diverses phases , d'abord avant la création de la dynastie nouvelle , puis sous le système de l'empire universel , lui parurent toujours autant de causes de danger pour la liberté du monde.

Il expliquait la bonne disposition de la France envers les Américains, comme un moyen caché de pervertir la politique de ce pays. D'un autre côté, rien ne peut être comparable à l'attention qu'il mettait à examiner les efforts de l'Angleterre contre l'ambition conquérante de la France, non seulement par son esprit de justice en faveur de l'Angleterre et du caractère de cette nation, mais encore parce qu'il renfermait toutes ses espérances d'indépendance pour son pays, dans les résultats de cette contestation.

Pour toutes ces contestations compliquées , et pour ainsi dire inexplicables , M. Ames était un habile observateur ; il veillait tandis que les autres sommeillaient sur leurs illusions ; ce que ceux-ci n'apercevaient qu'à travers un nuage , il le voyait clairement et souvent en était affecté, tandis que les autres, ne considérant les choses que comme des objets presque inaperçus dans l'avenir, refusaient de s'en occuper et préféraient leur repos au souci qu'ils auraient dû en prendre. C'est ainsi que les gens indifférens ou découragés pensent qu'il n'y a rien à faire et que les présomptueux affirment qu'il ne faut rien faire. Sous ce point de vue, les opinions et les écrits de M. Ames ont produit, de l'aveu de tout le monde, un très-grand bien.

Vers l'année 1804, M. Ames fut nommé président du collége d'Harvard. Sa santé était un obstacle pour accepter cette place et, en outre de cela, des motifs d'une autre considération le déterminèrent à la refuser. Sans doute il prenait un grand intérêt à l'instruction de la jeunesse, mais ses habitudes ne pouvaient plus se conformer à en exercer les charges.

Dès 1795, sa santé était devenue de plus en plus mauvaise et, jusqu'à ses derniers momens, il n'eut plus que par intervalle des momens de repos sans souffrance. Le 14 juillet 1804, il termina cette existence si tourmentée et si faible.

A la nouvelle de cet événement, les habitans de Boston se réunirent pour manifester leur respect et leur estime pour un si beau caractère. Ils demandèrent et obtinrent que ses restes fussent transportés dans la capitale pour y être inhumés publiquement; et, à cette occasion, M. Dexter, son ami, prononça un discours qui fut accompagné de toutes les marques de respect et d'honneur.

Chacun appréciait son goût pour l'étude et son discernement en littérature. Particulièrement occupé de la morale et de tout ce qui peut l'enseigner, l'étude de l'histoire avait eu néanmoins encore plus d'attrait pour son esprit. Il y voyait les principes de la législation, de la connaissance de la politique, de l'élévation ou de l'abaissement des nations, et du caractère comme des passions qui animaient les hommes dans les affaires publiques. Il avait lu et étudié Hérodote, Thucydide, Tite-Live, Tacite, Plutarque et les historiens modernes de la Grèce et de Rome. L'histoire d'Angleterre avait attaché toute son attention; aussi sa conversation renfermait-elle le plus grand intérêt par toutes les citations anciennes et modernes qu'il y entremêlait. Cicéron était l'orateur qui avait le plus captivé son admiration.

La poésie l'avait sans cesse occupé aussi. Homère et Virgile étaient encore ses lectures favorites peu de temps avant sa mort. La connaissance qu'il avait de la langue française lui avait permis d'en connaître les principaux auteurs, sans cependant avoir jamais parlé cette langue. Par devoir comme par goût, l'Ecriture sainte lui était agréable : il y voyait le langage de la vérité ; et dans sa partie poétique, tout ce qui peut constituer le sublime. Ce résultat de connaissances acquises, avec lesquelles il s'était pour ainsi dire identifié, avait donné à son jugement et à ses pensées un cachet particulier.

Il n'est pas difficile de donner l'idée de ses opinions et de ses principes en politique. Sa vie, ses travaux, ses écrits suffisent pour en tracer le caractère. M. Ames était un véritable républicain enthousiaste; mais quelques personnes se sont méprises en confondant ce principe avec celui de la démocratie : lui les distinguait parfaitement. Selon les explications qu'il en a données lui-même, une république est un composé de gouvernement électif, dans lequel l'administration doit prescrire et faire connaître le bien qui peut être opéré par ses mesures. La démocratie au contraire est le gouvernement que dirigent les passions populaires en dépit du bien public. Dans le premier, la raison comme l'intérêt de la société gouvernent ; dans le second, ce sont les préjugés et les passions.

La forme du gouvernement américain renferme le danger d'une démocratie ; mais la division de la législature en deux branches distinctes, leur différente origine, la longueur de l'existence de l'une d'elles, le pouvoir exécutif qui en est séparé, la permanence et l'indépendance de la judicature, sont autant de poids qui balancent la tendance d'une démocratie dans la politique de ce gouvernement : ce sont des moyens adoptés par le peuple dans le but de garantir la société des méprises ainsi que de la perversité des hommes. C'est le plus sûr mode d'assurer à la nation des gouvernans cherchant plutôt le bien général que celui de quelques particuliers. Quand toutes ces conditions ne se trouvent pas réunies, que la législature, le pouvoir exécutif et l'ordre de la judicature deviennent les instrumens de la passion populaire, alors le gouvernement, quelle que soit sa forme, devient une démocratie véritable, et les libertés publiques cessent d'être assurées.

Un vrai républicain doit agir non pas seulement d'après l'opinion de ceux qui l'ont nommé, mais comme il croit être de son devoir de le faire. Le démocrate n'est dirigé au contraire que par ses passions, qu'il est du devoir de tout gouvernement de réprimer ; et comme les effets de cette soumission sont de nature à nécessiter une confiance illimitée et même une sorte de dévotion, il en résulte alors que les pouvoirs de la société restent dans leurs mains. De cette manière, ce sont les hommes qui gouvernent et non les lois. Rien au monde ne peut être plus dangereux pour la liberté d'un pays que le pouvoir démocratique mis ainsi en action. C'est un despotisme réel, et non une république renfermée dans des règles; c'est un gouvernement fort sans doute, mais sa force est effrayante. Plus disposée à opprimer qu'à protéger, elle ne va pas cette force jusqu'à maintenir la liberté, à protéger les droits et les propriétés; elle ne peut assurer l'exercice de la justice et la sécurité à l'innocent.

M. Ames avait craint que le goût américain n'eût une tendance vers les abîmes de la démocratie en s'écartant des principes de la république, et que cette ambition démagogique n'obtînt son but en agissant contre les personnes et les partis. C'est de là que lui sont venues les pensées qu'il a publiées sur les dispositions de la société de la Nouvelle-Angleterre.

« Les constitutions, dit-il, ne sont que des chiffons » de papier écrit; mais les gouvernemens sont les be- » soins de la société. Celui de la Nouvelle-Angleterre » offre la plus grande des sécurités aux Etats-Unis pour » le maintien et la conservation de l'ordre et de la li- » berté. Il ne peut néanmoins être préservé des » chances périlleuses qu'il aurait à redouter que par » la morale, l'instruction, les usages et la division des » propriétés, marchant de pair avec le bon gouverne- » ment des villes et la force du clergé. »

Les dispositions aimables et délicates de son caractère lui rendaient souvent pénibles ses occupations publiques et les difficultés qu'elles entraînent ; cependant il ne s'en plaignait jamais, mais il en ressentait péniblement le poids. « Le bonheur d'avoir des amis, disait-il, » doit être bien plus apprécié par ceux qui se trouvent » livrés aux tracas d'une vie politique. Les contrariétés » agitent les esprits, mais l'hypocrisie, avec son jargon, » anéantit toutes les facultés. Je me détourne des scè- » nes qui m'obsèdent, dans les affaires publiques, pour » me trouver entouré des objets de mon affection et » d'amis qu'à tant de titres j'aime et j'estime.

» Il y a des embarras dans la vie publique ; mais ces » embarras font naître une sorte de curiosité et un in- » térêt réel dans l'événement des mesures que l'on » exécute, qui deviennent graduellement l'essence du » politique ; d'ailleurs la société de gens distingués par » leur mérite et leurs vertus n'est pas une indifférente » compensation. »

Sa santé, sa vie entière étaient autant de sacrifices qu'il avait faits sur l'autel de la patrie. Il ne pouvait long-temps encore supporter les fatigues que produisent les discours prononcés en public, ainsi que l'ardeur et la conscience qu'il apportait aux affaires particulières.

C'est une chose qui satisfait le genre humain de voir que ceux qui attirent notre admiration méritent également notre estime. Tel était M. Ames, qui réunissait toutes les qualités et toutes les vertus, chacune dans un degré convenable.

La religion avait sur son esprit un grand pouvoir.

Les rapports des choses de ce monde avec son adorable créateur, et la comparaison de la vie qui nous est accordée ici-bas avec celle qui nous est promise ailleurs, ne pouvaient être envisagés par lui que sous l'aspect le plus solennel. Selon lui, la religion est une chose essentielle à l'existence des hommes ; et toujours on l'a entendu professer la plus intime confiance dans l'origine du christianisme. Il se défendait de tout obstacle aux améliorations et à la propagation de la liberté religieuse ; mais, à moins qu'on ne lui donnât la conviction d'une nécessité absolue ou d'un avantage réel, il s'élevait constamment contre les innovations dans le mode du culte et de l'instruction, regardant ces innovations comme autant d'obstacles à l'association salutaire des hommes vertueux et pieux. Dans sa conversation, on trouvait la sincérité de ses impressions religieuses. Jamais un mot déplacé n'a échappé de sa bouche à ce sujet ; et l'application qu'il en faisait dans sa conversation indiquait assez le profond respect qu'il portait à la religion. On le voyait même ne pouvoir, en parlant du sublime caractère de Notre Seigneur, se défendre de laisser percer toute l'émotion qu'il ressentait.

M. Ames s'était marié, en 1792, à miss Frances, la troisième fille de John Worthington de Springfield. Il eut sept enfans, dont six garçons. Comme époux, comme père, il peut servir d'exemple au reste des hommes.

CHAPITRE I.

De l'influence de la démocratie comme élément destructif de
la liberté et de toute espérance de la rétablir (1).

Dans un moment où les hommes les plus
distingués par leur mérite et leur talent, sai-
sissent la moindre lueur d'espérance ; quand
cette espérance s'accorde avec les illusions qui

(1) Cette dissertation est intitulée, dans l'édition américaine : *Du Danger de la Liberté américaine ;* elle a été écrite
en 1805, après vingt années d'observations consécutives de
l'auteur sur la marche des événemens politiques. Il a donc
pu se former une opinion exacte en cette matière. Il paraît
convaincu de l'impossibilité de regarder la république comme
l'arche sainte de la liberté. Les événemens ultérieurs, ceux

dissimulent leur crainte , j'ose espérer qu'on ne me blâmera pas d'exagérer peut-être le degré de maturité auquel les vices de notre état politique sont parvenus , et l'on me pardonnera de rester dans le doute sur l'époque de leurs fatales conséquences.

Je crains, je l'avoue, que l'avenir de mon pays ne dépende plus des conseils qu'on peut encore lui donner. Nous persistons depuis trop long-temps dans notre erreur, pour croire à un changement, lors même que l'expérience en aurait prouvé la nécessité. Le mouvement politique,

surtout des dernières années , sont venus appuyer l'opinion de M. Ames , et confirmer ce qu'on pourrait appeler ses prophéties.

Toutefois , il est juste de dire qu'en communiquant son ouvrage informe à un ami , pour y faire des corrections , M. Ames lui disait : « Vous y trouverez nombre de fautes qui » me sont échappées. Cet ouvrage manque de conclusion : » c'est l'effusion de mes pensées, d'où il résulte qu'il n'y a » point de faits ni de citations à l'appui de mes idées. Il fau- » drait changer ce ton de déclamation rhétorique en un lan- » gage plus simple et plus clair. »

Ces corrections n'ont jamais eu lieu ; l'ouvrage n'a été publié qu'après la mort de M. Ames. Mais, dénué de cette dernière touche, ce livre n'en présente pas moins les vues et l'expérience d'un patriarche de la liberté , de cette cause sacrée aux yeux de ceux qui ne restent pas insensibles aux bienfaits d'une *sage liberté constitutionnelle.*

comme celui de notre globe, ne peut dévier de la ligne qui lui est tracée; et, dans sa rotation silencieuse, il accomplit les révolutions que nous attribuons à nos efforts, à notre prévision. Il existe, dans les affaires des états libres, une sorte de fatalité qui dépasse la prévoyance du plus sage et rend inutiles les efforts et les sacrifices des patriotes et des héros. Les événemens ont marché, non pas ainsi que nous l'entendions et le voulions, mais poussés par les lois irrésistibles de notre existence politique. Les choses inévitables sont arrivées, et l'on s'étonne comme si c'étaient autant de miracles; comme si le cours ordinaire de la nature s'était arrêté dans sa marche pour les produire. C'est par la même illusion qu'aujourd'hui plus de la moitié de la nation pense que la tranquillité publique est consolidée à jamais; que nos libertés ne reposent pas sur un terrain léger, mais qu'elles ont pris racine parmi les rochers de granit, solides comme ces piliers qui soutiennent l'univers. Cependant la vérité se fait jour, et ceux qui ont voulu approfondir les choses reconnaissent enfin leur erreur : ils sont effrayés de voir que nous avons toujours flotté, avec une dangereuse insouciance ou une condamnable illusion, sur le torrent rapide des événemens, et que nous sommes arrivés à une cataracte révolutionnaire plus menaçante que celle du Niagara, et qui engouffre et détruit, dans sa chute, tout ce qui reste encore de liberté.

De tout temps, nous avons considéré cette prétention du peuple anglais d'être une nation libre, comme une preuve de sa sujétion opérée par une suite d'impostures. Nous avons dit qu'il n'a pas de constitution, parce que jamais il n'en a fait une, et que son gouvernement, dont il se vante tant, œuvre du temps et des circonstances, est maintenant paralysé par l'âge et la corruption. Nous avons pensé que sa stabilité ne provient pas de la raison, mais seulement des préjugés ; qu'on le supporte, non parce qu'il est favorable à la liberté, mais parce qu'il satisfait l'orgueil national ; qu'on le respecte, non pour sa perfection, mais parce que l'ignorance est toujours idolâtre des choses anciennes ; que c'est un corps malade et malsain, dont l'énergie répand une odeur fétide provenant de ses maux et de ses plaies ; enfin, que sa partie vitale est sans cesse rongée par un chancre qui le dévore.

Nous soutenons, au contraire, que la constitution fédérale, resplendissante de jeunesse et d'innocence, est un don immortel. Car si le temps, avec ses vicissitudes, venait diminuer sa force, si des factions altéraient ses charmes, le

peuple, toujours vigilant pour discerner ses besoins, toujours puissant pour se procurer ce
qu'ils exigent, l'aurait bientôt rendue à sa première existence, et saurait, comme l'un des héros de l'antiquité, tirer vengeance de son ennemi,
ou, comme Antée, reprendre toute sa vigueur
en touchant sa terre natale.

Il y a nécessairement, parmi nos concitoyens,
un certain nombre de personnes qui ne veulent
pas croire à l'évidence, même appuyée sur des
faits, que des maux publics existent et nous
menacent; ils se rient des appréhensions de ceux
qui prévoient que la licence sera, comme elle l'a
toujours été, fatale à la liberté. Ils la considèrent
comme une nymphe qui n'a pas besoin d'être
modeste pour se conserver pure, et dont la
chasteté augmente encore par les attaques fréquentes de ses séducteurs. Ils disent: tant qu'une
faction est en minorité, elle ne peut être dangereuse, on la domine facilement; si elle devient
majorité, dès lors, tous ses actes, quelque violens
qu'ils soient, deviendront légitimes : car, pour
les démocrates, le peuple est un souverain qui
ne peut jamais faire mal, quand même il ne
respecte et n'épargne aucun droit. Sa voix, de
quelque manière qu'elle se fasse entendre, vraie
ou fausse, doit avoir une autorité divine. Est-il
possible, disent-ils, que le peuple soit jamais

son propre ennemi? Si, demain, le gouvernement était détruit, ne se rétablirait-il pas aussitôt sans qu'il soit porté la moindre atteinte à la liberté publique? Toutes les craintes sont donc superflues et les projets de ses ennemis sans dangers. La liberté renaîtra de ses cendres, pour prendre une vigueur nouvelle; elle sera toujours abritée par son armure invulnérable, contre tous les amendemens constitutionnels que l'on pourrait proposer.

Cette opinion est généralement répandue, non seulement comme s'il existait des preuves à l'appui, mais encore comme si c'était un mérite de penser ainsi. On déclare que, dans la supposition désespérée du succès des factions ou d'une usurpation, il nous reste une immense ressource dans *le bon sens de la nation;* qu'il y a autant de sagesse *dans le peuple* que dans les efforts ingénieux de son parti.

Il paraît donc superflu de nous arrêter à cette question : s'il sera possible de conserver nos libertés, et quelles peuvent être, dans l'avenir, les circonstances que nous cherchons à anticiper. La clameur des partis est si forte et la résistance de la vanité nationale est tellement opiniâtre, qu'il est désormais inutile de chercher à faire comprendre à la multitude ignorante (car, dans tous les pays, les gens éclairés sont toujours le petit nombre) que la *liberté démocratique* est une chose impossible à obtenir; qu'à l'avenir, nous sommes condamnés aux déchiremens des factions qui doivent tout gouverner, et dont la plus mauvaise doit triompher. Pour les esprits supérieurs les craintes ne sont pas chimériques, car le présent leur en donne la certitude.

Tous les gouvernemens renferment un principe de despotisme; mais le pire de tous, parce qu'il est le plus violent, c'est le despotisme de la démocratie. Il est certain que tous les gouvernemens, à notre connaissance, se composent plus ou moins d'un mélange des qualités primitives avec les principes et les causes qui leur sont opposés.

Sans vouloir décrire la liberté, que tous les écrivains s'accordent à regarder comme indéfinissable, on peut dire que tous les gouvernemens européens, celui de l'Angleterre excepté, renferment une portion effrayante de pouvoirs arbitraires. En Amérique, tout gouvernement qui n'aurait pas dans son essence un principe de démocratie, ne pourrait subsister un instant ni inspirer de la confiance.

Il est évident que l'intervention du peuple, dans les affaires d'un pareil gouvernement, tend à rehausser les capacités et l'intelligence des hommes, en leur procurant un bien-être réel, et, si l'on suppose un gouvernement sagement constitué, des lois rigoureusement mises à exécution, alors les effets de cette intervention ne tendront jamais à produire la dépravation de la morale publique. Je n'ai connu aucun Américain, de quelque parti que ce fût, qui parût vouloir interdire au peuple cette part, bien régularisée, dans les affaires du gouvernement.

Le danger qui existe dans cette espèce de gouvernement où le peuple choisit ses chefs et où la démagogie, ayant la prétention d'être le peuple, exige le contrôle dans les affaires, c'est que bientôt le parti devient une démocratie licencieuse et turbulente. Alors on peut craindre, avec vraisemblance, que les intérêts de ce peuple ne soient négligés, leurs droits violés, leurs justes plaintes étouffées, et que la portion la plus basse des hommes les plus vils ne soit écoutée et mise en possession du pouvoir. La démocratie, il faut le reconnaître, tend vers la licence, née de l'ambition, que les ignorans appellent liberté.

Le grand objet que l'on a eu sagement en vue, en faisant notre constitution, a donc été de se préserver de la licence, qui empoisonne la démocratie et l'expose à périr.

Le projet détablir les États en autant d'unions fédérales, a souvent été regardé par d'habiles écrivains comme offrant plus de garantie qu'une république. L'expérience n'a pas encore eu le temps de prononcer sur cette question, et cependant les yeux sont toujours fixés sur l'Amérique.

Sans doute, cette confédération serait parfaite si les États n'étaient pas enclins à entraver l'union fédérale, car plusieurs d'entre eux sont d'une étendue assez importante pour former une vaste monarchie ; et naturellement ils sont trop forts, trop puissans et en même temps trop vains de cette force pour vouloir se soumettre aux lois fédérales.

Jamais nous n'avons vu une union fédérale sans que l'État principal ait eu l'ambition de gouverner, et sans qu'il ait tâché d'y parvenir en fomentant des factions dans les États plus petits, ce qui rend conséquemment le gouvernement fédéral plus difficile. C'est ainsi que Sparte, à la tête du Péloponèse, remplit la Grèce de terreur et de dissensions. Dans toutes les villes, elle avait un parti aristocratique pour dompter et bannir la faction populaire qui lui était opposée dans Athènes. De cette sorte il existait partout deux factions hostiles l'une à l'autre ; les lois de la guerre ne pouvaient les contrôler, aucun traité ne pouvait les apaiser.

Athènes et Sparte, prenant alternativement l'ascendant sur le reste de la Grèce, influençaient les décrets du fameux conseil des amphictyons, chef suprême et fédéral des républiques de ce pays ; mais presque toujours cette autorité elle-même fut sans pouvoir, excepté quand un de ses membres influens dictait des mesures sanguinaires. Alors les petits États se trouvaient bientôt réduits à la nullité et soumis à la plus odieuse de toutes les oppressions, la domination d'un État sur l'autre.

Les États de la ligue amphictyonique composaient la république fédérale la plus illustre qui ait existé. Sa dissolution fut amenée par les passions, les opérations et les principes qui sont toujours inhérens à de semblables associations. Les Thébains, formant l'un des principaux États, s'unirent aux Thessaliens ; par un même sentiment de jalousie contre les Phocéens, ils provoquèrent un décret du conseil des amphictyons, où leur influence réunie fit condamner les Phocéens à une amende considérable, en raison de prétendus sacriléges qu'ils avaient commis sur la terre sacrée du temple de Delphes. Ne trouvant pas, comme ils s'y attendaient, les Phocéens disposés à se soumettre, ils dévolurent, par un second décret, leur terre au dieu de ce temple et en appelèrent à toute la Grèce pour armer et se joindre à leur cause sacrée, comme ils affectaient de la nommer.

Une contestation commença alors et devint

très-sanguinaire, caractère spécial des guerres civiles et religieuses : elle dura plus de dix ans. Ce fut dans cette circonstance que le fameux Philippe de Macédoine se présenta comme un parti, et la nature de cette mesure ainsi que la durée de cette guerre doivent servir d'exemple pour toutes les républiques fédératives. Il paraît que, dès le début de cette guerre, Philippe avait projeté la soumission de la Grèce entière, projet qu'il mit vingt-deux ans à accomplir.

S'il y a dans un sujet de cette nature des leçons d'expérience à prendre, on en trouvera dans l'histoire du monde entier. Cette histoire, véritable cimetière des générations humaines, se présente à nos réflexions solennelles. Combien le patriote sincère ne doit-il pas trembler en lisant sur le marbre de leurs tombes :

« Vos passions et vos vices ne vous rendent » pas dignes de la liberté ! »

Mais si l'expérience nous apprend à être sages, malheureusement il est souvent trop tard ; l'événement le plus important s'opère et passe devant la génération, sans lui être profitable, jusqu'au moment où une nation, indifférente à son propre repos, est enfin anéantie parce qu'elle n'a pas voulu écouter les leçons de l'expérience.

Parmi les personnes qui reconnaissent les dan-

gers de la démocratie, il en est fort peu qui s'a-
vouent à elles-mêmes l'éminence des progrès de
la licence ; la déplorable expérience de notre
pays peut nous en donner la preuve, l'histoire et
les dispositions de la nature humaine prouvent
qu'il doit en être ainsi.

Dictés par notre vanité, nos préjugés nous em-
pêchent de reconnaître la vérité de cette opinion
fondée sur l'expérience ; nous conservons nos
illusions. Le tocsin a beau se faire entendre pour
nous avertir du péril, nos jours ont beau être
menacés par des prévisions effrayantes, nous per-
sévérons dans nos voies, comme si nous avions
tous les motifs imaginables d'être tranquilles.
Nous entendons le bruit des chaînes qu'on nous
prépare, nous apercevons les menaces de nos assassins, nous ne pouvons nous dissimuler les cris
barbares poussés avec rage par une populace effrénée ; nous voyons déjà les flammes de l'incendie général qu'elle nous prépare, les victimes
qu'elle réclame, et cependant nous restons tranquilles et indifférens !

Ces réflexions, malheureusement trop fondées, expliquent l'apathie et l'aveuglement de
nos compatriotes. Quel est celui d'entre eux qui
voudrait feuilleter les annales des destinées? quel
homme, versé dans la science de l'avenir, ose-
rait l'interroger sur le sort qui nous attend? Il

faut pour cela une grande et puissante détermination.

Il ne serait pas plus raisonnable d'effrayer
ou d'éclairer la démocratie sous le rapport de
ses conséquences en politique, du moment où
les résultats des événemens ne peuvent produire
sur elle aucune impression. Pour l'ignorant et l'insouciant, le nom de *liberté* suffit : il en est à peu
près de même pour les partis ; elle est seulement
un instrument qui satisfait à leur intelligence ,
et remplit leurs désirs. Selon de tels hommes, la
liberté ne périra jamais , elle sera immortelle.
Nous avons entendu les énergumènes français parler de leurs droits et se réjouir de les avoir ob-
tenus, long-temps après avoir été vaincus et enchaînés.

Les Romains eux-mêmes étaient non seulement satisfaits de leur liberté , mais en tiraient
encore vanité, que déjà ils étaient accablés par
le despotisme de leurs empereurs, les plus
grands tyrans qui aient infesté la terre. C'est une
chose remarquable de voir Cicéron choisir comme
une époque favorable à ses harangues l'établissement de la monarchie par Jules-César , et cela
six mois après qu'Octave avait renversé la république, en disant :

« Le peuple romain ne peut pas être esclave,
» les dieux l'ont destiné à commander à toutes les

» nations; d'autres peuvent supporter cette honte,
» mais les Romains sont faits pour la liberté. »

L'opinion que nous avons de notre pays n'est ni moins juste ni moins raisonnable. C'est une erreur étrange de persister à ne vouloir reconnaître que notre liberté sera en danger qu'alors qu'elle sera totalement détruite. Enfin c'est une opinion générale dont se glorifie la multitude que notre système de gouvernement repose entièrement sur la volonté du peuple.

Quelles sont les causes qui peuvent arrêter cet excès de confiance ou retarder la chute de nos libertés? Pouvons-nous puiser de la force dans le passé? Est-ce un moyen suffisant pour faire ressortir le danger des innovations et des excès de la liberté? Nos institutions civiles et religieuses sont-elles assez fortement établies pour se soutenir d'elles-mêmes et protéger l'ordre public confié à leur garde? Ne voyons-nous pas, au contraire, les chefs du parti populaire en constante hostilité avec les institutions religieuses? Nous allons entreprendre un changement : si la démocratie triomphe, on a lieu de craindre qu'en peu d'années nous soyons forcés de blâmer les œuvres de nos prédécesseurs, comme ils le feraient eux-mêmes à l'égard des nôtres s'ils revenaient sur la terre. Nul doute qu'alors ils renieraient leurs descendans dégénérés.

Peut-on arrêter la tendance de cette démocratie turbulente, en ne choisissant pour la législature que des hommes graves et sages, professant la morale aussi bien que les principes religieux, et dont la vie entière puisse servir d'exemple et offrir la meilleure de toutes les garanties ; de ces hommes qui inspirent de la reconnaissance à leur pays par tous les services qu'ils lui ont rendus, enfin, des hommes dont le talent fasse l'admiration générale ? De semblables législateurs augmenteraient, sans aucun doute, la dignité de la chambre et désarmeraient la méchanceté toujours dirigée contre le gouvernement. Mais la seule proposition d'une mesure pareille passerait pour un sarcasme dirigé contre les hommes de parti. Ils diraient, avec leur impudence ordinaire, que ces choix sont faits uniquement pour agir contre le parti populaire. Qui sait si l'audace d'un tyran habile n'en profiterait pas pour préparer ses armes et, nouveau Philoctète, ne viendrait pas nous accabler de ses flèches mortelles. Si nous possédions un Juvénal, il n'aurait pas le courage d'attaquer le vice avec la force nécessaire pour changer les erreurs en triomphe.

On n'a pas encore vu et l'on ne verra probablement jamais qu'un système de démocratie puisse parvenir à dompter les esprits turbulens de la société. La démocratie peut apporter toute la fureur avec laquelle elle agit d'ordinaire, mais bientôt elle servira d'aide aux factions pour accomplir leurs desseins les plus pervers.

Tout en reconnaissant que la science des gouvernemens n'a fait aucun pas depuis l'invention de l'imprimerie, quelques personnes prétendent néanmoins encore que cet art est un nouveau soleil qui vient nous éclairer et répandre de nouvelles lumières sur le monde politique. Cependant, jusqu'ici, la presse a, en général, laissé l'intelligence des hommes au point où elle était : en stimulant leurs passions, en enflammant leur imagination, elle les a rendus au contraire plus dangereux qu'ils n'étaient primitivement. Elle a donné de la présomption à l'ignorance, de sorte que, ne pouvant plus gouverner par la raison, l'autorité n'a plus de frein à lui opposer. Un grand nombre de ces hommes qui, avant la découverte de l'imprimerie, ne se trompaient jamais sur le moment où il fallait résister à l'oppression, parce qu'ils en étaient tous les victimes, sont devenus des enthousiastes, se livrant à tous les excès de leurs caprices. Les affaires publiques se traitent maintenant au théâtre, où tous les intérêts et toutes les passions sont en jeu, influencés par l'art et souvent par le talent d'un acteur. Il est incontestable que dans la situation des choses, la presse est un nouveau véhicule dans les affaires publiques.

Elle peut changer la société, mais il est difficile de concevoir comment, en rendant les hommes indociles et présomptueux, elle pourrait opérer ce changement à leur avantage. Elle les excite par sa chaleur et les condamne néanmoins au repos par son activité. Ayant paralysé la force que tout bon gouvernement doit employer pour sa propre défense, elle a, en même temps, révélé à ses ennemis le secret qui, semblable à ces feux d'artifices, enflamme et dévore tout en un moment, sans laisser un seul moyen d'éteindre l'incendie.

En vain dirait-on que la presse est une arme contre tous les genres d'oppression et de tyrannie; que ce moyen a été l'instrument vénal de tous ces hommes qu'elle aurait dû vouer à la honte et à l'infamie : tant que la majorité des citoyens déterminera ses idées sur les hommes et sur les mesures gouvernementales, d'après la clarté fantasmagorique qui jaillit de cette lanterne magique, nous ne pouvons espérer de repos. Nous ne le pourrions qu'à peine par l'usage de ce moyen de conservation en l'appuyant sur l'instruction véritable et réelle de l'esprit humain. Mais autrement notre condition d'avenir sera bien pire encore, si ce véhicule est appliqué aux illusions de la politique, au milieu des ténèbres qui l'entourent, en rendant vrai ce qui n'est qu'imposture, en défigurant la vérité même. Peut-on avoir confiance en l'avenir quand on voit la vérité dissimulée à ce point par l'esprit de parti, qui la cache à l'entendement? Et que si, contre toute attente, elle venait à se faire jour, par la force des choses, elle dépasserait bientôt son but, pour créer l'envie, la jalousie et la vengeance.

Le prestige trompeur dans lequel nous persistons à rester enveloppés, en raison de la vanité qui nous empêche de voir sainement, fait que, sous le rapport des affaires politiques, nous déterminons d'avance ce que les hommes doivent penser et comment ils doivent agir; et si nous ouvrons les yeux sur la vérité des faits, si nous en cherchons les preuves, nous nous flattons encore en nous disant : « Comme il ne peut y avoir qu'une » vérité pour les hommes éclairés, il ne doit y » avoir qu'une seule ligne de conduite à tenir et » à suivre pour les hommes honnêtes. »

Nous oublions ainsi qu'en établissant notre jugement, les passions deviennent tour à tour avocats et témoins.

Nous oublions combien la multitude est peu capable de juger diverses questions : que souvent elle est mue par des préjugés qui la font persister dans une opinion erronée. Nous paraissons supposer que si beaucoup de citoyens sont enorgueillis du pouvoir populaire, le reste de la nation ne reçoit de conseils que de sa conscience. Oser élever la voix contre les erreurs! Est-il un seul despote qui intérieurement ne se croie supérieur à ses principes de gouvernement?

Mais, nous dira-t-on, nos usages sont trop doux, trop faciles pour admettre la démocratie. Eh bien! alors la démocratie changera nos mœurs. Notre morale est-elle trop pure? Oh! alors elle la corrompra. Quelle conséquence devons-nous nécessairement tirer de l'insuffisance de nos moyens de résistance? La plus terrible de toutes, la plus capable d'inspirer une juste terreur, et qui cependant éveillera à peine la curiosité publique!

N'est-il donc pas possible, demandera-t-on, d'établir clairement les opinions qui peuvent être dangereuses, de signaler les hommes exaltés et pervers? C'est ainsi que nous cherchons encore à perpétuer notre illusion et à conserver des espérances trompeuses!

Éclairons les hommes par nos écrits, et alors, malgré la fureur démocratique, il n'y aura pas de sang répandu. Quelle que soit la grandeur du mal, tout peut encore être sauvé, parce que tout dépend de nous.

C'est toujours une tâche méritoire de répandre parmi les citoyens d'un État libre, autant qu'il est possible de le faire, du moins, une connaissance exacte des affaires publiques ; mais la difficulté d'y parvenir augmente en raison du dégré de liberté de cet État ; car, plus les citoyens sont libres, et plus les démagogues seront hardis, entreprenans et nombreux, et plus il s'établit d'erreurs populaires, de passions véhémentes et pernicieuses pour les soutenir.

Et cependant, comme si le vice, les passions n'existaient pas, le grand argument des démocrates, celui sur lequel ils fondent leurs espérances, c'est qu'ils sont un peuple souverain, se *gouvernant lui-même*. Ne pourrait-on pas ajouter : et avec *la même vanité* ; car, quelle preuve donner qu'une nation, telle libre qu'elle soit, *se gouverne elle-même ?*

Si, de fait, elle n'a d'autre gouvernement que ses désirs désordonnés, alors c'est une anarchie. Si ces désirs sont réprimés et dirigés, alors on dira : Il y a résistance et arbitaire. L'individu qui agit sans contrôle dans ses propres affaires n'est gouverné par personne ; mais en matière publique, si beaucoup de personnes dans cette position se réunissaient de manière à former une majorité, dès lors la société cesserait d'être libre ; car la liberté, en fait de nation, consiste dans une juste restriction et nullement dans la volonté absolue de chaque individu. De toutes les passions, l'ambition est incontestablement la plus difficile à contenir : d'abord elle forme des factions, l'une pour éluder, l'autre pour rivaliser et même pour usurper les pouvoirs de l'État; bientôt, les passions engendrent le vice, car le vice est toujours un ennemi des lois, parce que les lois ne peuvent le tolérer; dès lors il y aurait impuissance de gouverner et conséquemment l'État serait sans gouvernement pour les réprimer. Le sentiment naturel d'un intérêt commun agirait bientôt pour réunir les factions dans l'État et les confondre en une seule opinion.

Lorsque les hommes veulent être dirigés par l'autorité, ou conduits par leurs propres intérêts ou par leur crainte, alors ils cherchent une personne qui puisse leur procurer ces divers résultats. Il est vrai de dire que, dans ce cas, le bien général les dirige dans leur choix et l'amour du bien public leur impose l'obéissance. C'est une disposition naturelle à l'homme dans l'état social. Est-ce par système, ou naturellement? Le bien public est un être idéal qui provient de notre imagination et qui n'est rien par le fait. Cette disposition, pour être quelque chose, doit être exclusive. Nous pouvons autant aimer telle science, tel art que le bien public. Aussi, combien de fois, en raisonnant sur ce sujet, n'est-on pas induit en erreur. Ce qui gouverne les hommes dans ce cas, ce sont les préjugés. Ils n'aiment, en général, dans un gou-

vernement libre, que leur parti ou leurs chefs ;
car ils doivent supposer ceux-ci capables de discerner le mérite et de récompenser le zèle. Il résulte de là que le patriotisme des grandes masses
n'est souvent qu'une aveugle confiance dans le
chef que le hasard leur a imposé, et une haine
pareille pour ses ennemis. Ainsi, par la nature
même de la liberté, une société libre n'est souvent qu'une réunion de factieux, agissant et se
trompant mutuellement par l'abus des choses les
plus sacrées, et ne cherchant, en réalité, que les
moyens de faire dominer leurs chefs.

Dans un système de démocratie, l'élévation
d'une seule personne fait naître chez les autres la
pensée que la hauteur à laquelle elle a su atteindre,
ne leur est pas inaccessible. L'ambition se réveille
et, semblable à ces anges que dépeint Milton, elle
emploie ses armes et ses tortures contre l'ordre
public. La multitude contemple le favori avec
des yeux d'étonnement et d'envie, surtout si ce
favori ne doit son élevation qu'à la faveur. Quel
homme des classes communes n'envie pas la grandeur quand il réfléchit qu'il a contribué à faire
un grand homme? Quel est celui de ces favoris
du pouvoir populaire qui ne cherche pas à flatter
cette vanité de toutes les manières, jusqu'au moment où il croit être à même de s'en passer?

On peut reconnaître le changement qui s'est

opéré dans la personne du nouveau maître, depuis le moment où il a saisi la puissance; et cela doit provoquer de graves réflexions. Son hypocrisie a été vue de près et on a été à même de s'en convaincre. On a été à même de connaître ses vices et ses défauts, et on a vu que sa réputation est aussi fausse que ses protestations; néanmoins, il a été de l'intérêt de ses partisans, comme de leur devoir, de le servir pendant quelque temps. Mais, au moment où ils ont pu le remplacer, ils n'ont épargné ni intrigue, ni violence pour y parvenir. C'est ainsi que le système démocratique agit avec les factions et opère des révolutions. Cependant, malgré ces difficultés, son caractère est ferme et constant, surtout dans le changement.

La théorie de la démocratie tend à faire supposer que la volonté du peuple doit prévaloir avant tout, puisqu'il possède la majorité des droits et une force supérieure sur laquelle il s'appuie : d'où il suit que, suivant ce système, ce sont les plus forts qui doivent dominer.

Lors de l'établissement d'une constitution, les opinions de tous les citoyens, ou du moins de la majorité d'entre eux, sont solennellement recueillies ; chacun est assuré que la volonté du peuple dominera et refuse même d'examiner les raisons et les motifs que quelques personnes pourraient avoir pour douter de ce principe. Le bon sens, joint à notre expérience récente, a prouvé cependant que la réunion d'une faible minorité peut effectivement s'opposer à cette volonté du peuple. Le vote de la majorité à beau indiquer ce qu'on devrait faire pour obtenir les votes de mille personnes, le gouvernement doit en appeler au moins deux mille. Souvent alors, et nous en avons eu la preuve, la volonté unique d'une majorité est paralysée et devient pour ainsi dire nulle. Le gouvernement démocratique peut bien sans doute employer une force supérieure pour forcer à l'obéissance ; c'est de tous ses droits le plus incontestable, mais la nécessité de recourir à ce droit renverse et détruit aussitôt tous les avantages du système démocratique ; car si la soumission n'est pas le résultat de la raison, elle sera celui de la force, et ce moyen est celui qu'emploie toute autre espèce de gouvernement.

Les avocats de la démocratie ne manqueront pas de dire que cet appel à la force est un cas très-rare, parce que la raison publique est plus facilement entendue et comprise sous le régime de la démocratie que dans toute autre forme de gouvernement ; ayant eux-mêmes choisis ceux qui les gouvernent, ils comprendront d'eux-mêmes que leur premier devoir est d'obéir à la loi. Examinons la vérité de cette proposition

Nous venons de dire que le refus d'obéir, fait par une petite minorité, nécessitait l'emploi de la force ; nous avons établi de même que les masses du peuple choisissant toujours un favori de leur opinion, il s'ensuit qu'il y aura inévitablement une faction opposée à la volonté de ce peuple, exprimée par la loi. Maintenant, si l'on admet qu'une faction existe dans l'Etat, les dispositions pour résister aux lois, ou, pour mieux dire, la volonté du peuple, exprimée par la majorité, existera pareillement. Si on reconnaît que le gouvernement démocratique est de tous les gouvernemens le plus susceptible de créer des factions, ce que personne ne peut nier, il est évident alors qu'il sera obligé, plus que tout autre gouvernement, d'avoir recours à la force pour apaiser ces factions. Les factions emploieront toujours ces moyens contre la force physique de la nation, laquelle ne doit être employée que dans de graves circonstances, car, comme tous les moyens extrêmes, elle aggrave toujours le mal.

Il est à remarquer qu'un gouvernement régulier, en maîtrisant une insurrection, augmente sa force, tandis que les chefs du parti des électeurs ne peuvent avoir recours à la force de la démocratie sans diriger contre le gouvernement le pouvoir de l'opinion, de telle sorte que souvent les factions qui triomphent cherchent à venger dans le sang des magistrats le crime de leur propre fidélité aux lois.

Comme nous ne saurions trop exposer les prétentions du système démocratique, il nous sera permis de présenter encore une autre considération.

Il ne mérite pas sans doute l'appui des honnêtes gens le gouvernement qui prend dans ses lois les moyens de terreur pour effrayer l'innocent et armer contre lui les malveillans.

L'essence, et comme le disent ceux qui ne sont pas encore revenus de leur illusion, la nature de la démocratie est de répartir la force et le pouvoir parmi tous les citoyens. Ainsi un État composé d'un million de citoyens aura un million de souverains, chacun ne reconnaissant que sa propre souveraineté et détestant celle des autres. Cette condition renferme plus de turbulence et d'insubordination que n'en pourra jamais faire naître un gouvernement régulier, quelle que soit la sévérité de ses principes. Il en résulte un état d'agitation pénible pour ceux qui aiment le repos, et une sorte d'instabilité, qui renversent les espérances de ceux qui désirent transmettre leur liberté à la postérité. Sans pousser plus avant cet argument, nous dirons en nous résumant : si chaque individu de ce million a la même portion de pouvoir dans la communauté, alors le turbulent, loin d'être contenu, se trouvera armé du même pouvoir que les gens de bien ; étant, comme les autres, citoyen, on ne peut lui refuser sa part du pouvoir. Or, comme il a intérêt à s'opposer à l'exécution des lois et que cette disposition est celle de tous ceux de son parti, il en résultera qu'ils se réuniront pour agir dans ce sens, à l'instant même où ils seront réunis, probablement avant que la constitution soit achevée ; et du moment où ils formeront une faction, l'efficacité du système démocratique, qui consiste dans le pouvoir de l'opinion et de la persuasion, s'écroulera : car il existe un *imperium in imperio*, c'est-à-dire un État dans l'État ; une combinaison active et intéressée à s'opposer à la volonté de la majorité.

Toutes les mauvaises passions, qui redoutent la force des lois, cherchent un refuge dans l'esprit de faction. Les réunions, les associations, n'agissent pas de sang-froid ; elles calculent tous les dangers de leur cause, et font d'abord tout ce qu'elles peuvent dans le but d'entreprendre davantage par la suite ; elles agissent avec persévérance, sans prendre de repos et sont assurées du succès si les ennemis s'endorment. Sont-ils peu nombreux au début, leurs efforts en seront poussés avec plus d'acharnement ; ils se nommeront le peuple, et c'est sous ce nom qu'ils blâmeront les actes du gouvernement, et, les appelant impuissans ou pervers, ils obligeront les chefs de ce gouvernement à se défendre comme coupables à la barre de l'opinion publique.

Avec la presse vénale, qui leur sera dévouée, ils cacheront leur nombre et leurs projets, et il n'y a pas de doute que l'ignorant et l'homme du peuple insouciant se joindront à eux, tôt ou tard. Cette union est inévitable : dès lors ce parti deviendra assez formidable pour imprimer la terreur dans l'âme des chefs du gouvernement.

On se tromperait en soutenant qu'un peuple éclairé étant propre à diriger ses affaires, les actes des factions sont aisément déjoués. Il n'existe pas de peuple sur la terre possédant assez de lumières pour diriger les détails des affaires politiques. L'étude de la politique, qui fait apprécier les raisons de telle ou telle mesure, détournerait l'artisan, l'agriculteur, de leurs travaux si essentiels; et d'ailleurs, par quel moyen le million d'hommes que nous avons pris pour point de notre raisonnement pourrait-il acquérir les connaissances indispensables à cette étude?

Il est donc bien évident que, par la nature même de la forme démocratique, le malveillant enflammera les esprits en les trompant, et que l'ambition conduira les manœuvres de ce parti.

Personne ne peut ignorer d'ailleurs que cette malveillance est armée de grands pouvoirs, tandis
que les honnêtes gens sont exposés à la persécu-
tion et au péril.

Si la connaissance du danger auquel ces derniers
sont exposés les porte aussi à se réunir, ce sera
probablement trop tard pour cimenter leur union
et pour la mettre à même de résister; ils feront
des efforts afin d'éviter une catastrophe et leur
destruction, car jamais la démocratie n'a manqué
d'y parvenir.

Si tous ces malheurs doivent arriver, non par
les effets du hasard, ou, comme le prétendent
les démagogues, par suite du gouvernement
monarchique ou aristocratique, mais uniquement
par le seul principe de la démocratie, comme nous
venons de le démontrer, ne devons-nous pas
regarder la démocratie comme le plus dangereux
de tous les gouvernemens; ou bien, s'il en existe
un pire encore, comme le moyen d'y arriver? Ne
sommes-nous pas obligés d'avouer que, sous le
règne de la démocratie, le vice est sans frein et
la vertu continuellement persécutée?

La supposition la plus naturelle, et elle doit
être toujours la base de toute espèce d'argument,
c'est que, dans une démocratie, les lois ont de la
force seulement pour les individus qui consen-
tent volontairement à s'y soumettre, et ne peuvent

résister à ceux qui veulent se soustraire à leur joug. Cette supposition, si souvent reproduite dans les journaux de notre république, que nous nous gardons de nommer une démocratie, l'expérience ne l'a pas réalisée. Il a fallu une armée pour effectuer le paiement des impôts, et à peine son recouvrement a-t-il balancé les charges du gouvernement, que le système de la popularité nous a offert une bien plus grande ressource, et que les lois ont été annulées.

Vainement on nous dira que les factions n'ont pas une véritable existence, et même qu'elles sont impuissantes ; que la majorité ayant le droit de gouverner, elle le fera, sans contredit, par ses représentans.

J'admets ce droit, mais la majorité ne gouvernera pas dans l'un des deux cas suivans, qu'il est permis de supposer et qu'on peut même affirmer devoir se présenter un jour ; qu'une portion du pays, un parti, ou qu'une combinaison factieuse se montre assez puissante pour introduire ses chefs au pouvoir, alors, au lieu d'obéir au gouvernement, elle le mettra dans une entière soumission ; alors la forme comme le nom d'un gouvernement libre seront employés, et d'une manière plus ostensible que jamais ; mais ses principes seront pervertis, et il restera désormais sans défense et sans ressource.

Quelques personnes se figurent qu'un écrit, un livre bien pensé suffisent pour donner de l'énergie à une constitution, et sont ainsi disposées à se laisser induire en erreur, dans l'examen des événemens qui se passent et semblent ajouter à notre force; elles s'écrient avec l'autorité de la conviction : Notre législature n'est-elle pas divisée en plusieurs branches ? Notre pouvoir exécutif n'est-il pas dans les mains d'un seul? Notre ordre judiciaire n'est-il pas inamovible et indépendant? N'avons-nous pas le bill de nos droits, le plus beau de nos titres? De quel côté peut donc venir le danger? Notre gouvernement, d'après les principes qui nous régissent, est établi de manière à se défendre lui-même, en protégeant le peuple. Nous avons donc dans nos institutions toutes les sécurités politiques qu'il est possible de désirer !

Combien de personnes, partant de ce point de vue, regardent l'existence des factions comme une chimère ! Et, cependant, a-t-il jamais été de gouvernement qui n'eût ses ennemis et dont les entreprises factieuses n'aient souvent compromis la sécurité? Le printemps, en donnant la vie aux fleurs, ranime aussi les insectes malfaisans; le soleil, qui vivifie les productions de la terre, fait aussi sortir le serpent de la retraite où il a digéré son venin.

4

Aussitôt qu'une faction est reconnue, le peuple, nous dit-on, se réunit pour déjouer les conspirateurs. Alors il faut nous déterminer à vivre dans une suite continuelle de révolutions. Quand le peuple délibère et agit (ce qu'on peut admettre seulement pour la force de l'argumentation), toute autorité doit cesser. La représentation nationale n'est plus rien auprès de l'assemblée de ses commettans. Le mouvement d'un gouvernement régulier est arrêté, et la faction hostile assurera son succès par le moyen même qu'on opposera à ses desseins

Les hommes d'un esprit juste reconnaîtront qu'il n'y a pas de liberté dans un gouvernement, du jour où les factions dominent ; qu'il est impossible de se tenir en garde contre leurs attaques ; et qu'un pays ne peut être tranquille et en sûreté qu'autant que sa constitution lui fournit les moyens de se défendre ; le rôle du peuple est d'en approuver l'usage légal ; et, pour un gouvernement libre, c'est la chose la plus facile du monde.

Toutefois, il faut avouer encore que, pour un tel gouvernement, ces difficultés sont, pour ainsi dire, insurmontables, car l'audace des factions est toujours proportionnée à la liberté de la constitution politique. Dans un gouvernement absolu et tyrannique, les individus ne sont rien, et la conviction qu'ils en ont amortit leur esprit de liberté : mais, dans un État libre où les citoyens participent au pouvoir, il s'y joint naturellement le désir d'en user et même de l'augmenter. De là naissent les clubs, les associations, dans un but quelquefois louable, mais le plus souvent factieux. Des hommes réunis dans un but politique forment bientôt un faisceau redoutable qui grossit chaque jour par diverses combinaisons ; et comme les magistrats en place ne sont pas, en général, disposés à déléguer leur autorité, ces factieux n'ont d'autre ressource, pour parvenir à leur but, que d'entraver le gouvernement et les lois.

La possession du pouvoir donne plus facilement naissance à l'envie qu'au respect ; et pour les curieux, c'est une jouissance d'humilier ceux qui possèdent l'autorité. Le mécontentement du public fournit aux ambitieux le moyen d'arriver aux places ; il est donc de leur intérêt d'attiser ce mécontentement. Nous en avons l'exemple sous nos yeux.

N'est-il pas évident, d'après tout ce qui précède, qu'un gouvernement libre est obligé de recourir à une plus grande diversité de moyens pour obtenir l'obéissance d'une association factieuse qu'il n'en serait besoin à l'égard d'un plus grand nombre d'individus isolés ? Si la forme du gouvernement régulier possède le degré de pouvoir que la jalousie d'un peuple libre le force à conserver, et s'il exerce ce pouvoir avec discernement et célérité, ce qui n'est pas probable, car en général un gouvernement a plus de force que de fermeté, alors les factions seront facilement réprimées et contenues, de manière à ne pouvoir pas faire de mal.

Toutefois, le génie de la turbulence populaire aura bientôt reparu, car c'est un ennemi immortel qu'il est possible d'enchaîner, mais non de détruire; de réprimer, mais non de désarmer; qui n'est jamais affaibli par les défaites, ni découragé par les circonstances; qui attaque et fatigue les forces du gouvernement; qui subvertit les bonnes dispositions du peuple. Il joue des empires avec les factions qui ne se fatiguent jamais, puisqu'elles n'aventurent rien. Si elles perdent, elles peuvent recommencer de nouveau; si elles gagnent, au contraire, et un jour ou l'autre cela doit être, et que la constitution n'ait pas prévu ce cas, ou que le peuple n'ait pas reçu du dehors une nouvelle énergie pour arrêter leur succès, alors il peut être complet. Dans ce jeu, gagner la partie n'est, pour les factions, qu'une portion de la victoire; le pouvoir qu'elles convoitaient une fois obtenu, sera confirmé et assuré par la terreur de la partie réelle du peuple. La justice tremblera elle-même de ce résultat. Comme la propriété est le grand objet de toutes les factions, les règles qui la consacrent seront annulées ou tellement affaiblies qu'à peine si elles pourront suffire à récompenser les partis. Mais les chefs avides de domination rechercheront les moyens de la rétablir; ils innoveront jusqu'à ce que les vestiges ou les restes de l'autorité publique soient totalement anéantis, et jusqu'à ce qu'enfin l'influence et les priviléges soient ravis au peuple, et affaiblis au point de n'être plus rien.

La multitude peut être trompée; mais les succès et la victoire d'une faction appartiennent toujours à un petit nombre, et le pouvoir du petit nombre doit toujours être soutenu par la force; alors cette catastrophe est réellement fatale.

On pourrait penser que le peuple, reconnaissant son erreur, reviendrait à d'autres idées; mais il n'y a pas de *retour vers la liberté :* ce que le feu des factions n'a pas détruit, il le dégrade et l'avilit; ceux qui ont approché leurs lèvres de la coupe de la souveraineté ne peuvent redevenir des sujets soumis, et ceux qui n'ont pas joui de cet avantage sont à peine capables d'aspirer à autre chose qu'à l'ignominie d'un esclave.

Mais ceux qui méprisent la vie, quand elle n'a pas pour compagne la liberté, n'abandonneront pas cette noble cause sans briser du moins leur chaîne sur la tête de leurs oppresseurs. S'il en était autrement, alors s'établirait la guerre civile, et quand les contestations politiques forcent à tirer l'épée, tout est perdu ; elle ne peut plus rentrer dans le fourreau ; celui qui la tient s'en sert pour gouverner, et les victoires qu'il obtient ne sont jamais, aux yeux des hommes honnêtes et justes, favorables à la liberté. Cette liberté, représentée comme une déesse, n'en est pas moins une mortelle ; une fois tuée par l'épée, son ombre serait invoquée en vain.

Cette catastrophe est-elle donc si éloignée de nous qu'elle ne soit pas à redouter ? Je ne la croirais pas si rapprochée que je le suppose et le crains, si, dans ce moment, où il serait si urgent d'être actif, le cœur de tous les honnêtes gens de la nation était pénétré de l'anxiété qui m'oppresse personnellement ; alors le renversement de nos libertés publiques serait encore différé et peut-être prévenu. C'est une maladie qui pourrait être prolongée, mais non guérie radicalement ; la liberté pourrait vivre long-temps encore impotente, au lieu de se voir destinée à la mort du martyr.

Les timides enfans du luxe aiment la liberté autant qu'ils le peuvent en aimant encore plus leur plaisir. Ils désirent reposer en paix et jouir d'une protection juste, sans se donner la moindre peine pour l'obtenir. Ceux au contraire qui ne sont pas dévoués au plaisir sont avides de richesses. Comment faire naître chez eux l'esprit de liberté, qui ne tendrait pas à leur assurer la longue possession de ces mêmes richesses?

Si, dans un si grand péril, les citoyens ne sont pas animés d'une flamme héroïque, la cause de la liberté est perdue pour toujours. Mais, au contraire, si les amis fidèles de cette dernière, renonçant à leur indécision sur la marche qu'ils doivent suivre, réunissaient leurs forces, ils trouveraient sans doute, dans leur pensée, une espérance qui les débarrasserait bientôt de l'horreur dont ils sont environnés.

(Ici l'auteur cite à l'appui de la supposition qu'il a établie un exemple de l'histoire du gouvernement fédéral, dès sa première administration par Washington.)

Il est incontestable que cette faction a été organisée avant le nouveau gouvernement. Elle a résolu que ce dernier n'existerait pas, ou du moins, si on ne pouvait l'empêcher, qu'il serait sans force. La presse de cette époque s'évertua donc en invectives et en calomnies. Avant qu'il eût rien fait, on l'accusait déjà de tout ce qu'il y a de plus tyrannique et de plus oppressif; et, lorsqu'il commença ses opérations, on l'accusa encore de négliger les mesures qui paraissaient les plus sages et les plus convenables ; tout ce qu'il faisait de bien, c'était, disait-on, uniquement dans le but de tromper le peuple en lui donnant de l'espérance.

Il faudrait être bien novice en affaires politiques, ou bien hypocrite, pour prétendre que l'opposition au gouvernement est faite dans l'intérêt du peuple et de ses libertés, tandis qu'elle est l'œuvre de l'ambition des démagogues, avides de pouvoir ou effrayés du danger de le perdre : de ces démagogues qui vivent comme Clodius, en affectant les maximes de Caton, qui chérissent les principes de Catilina en agissant d'après le plan d'usurpation de César.

La raison et les vertus publiques, pouvoir dominant du temps de la présidence de Washington, ne reprendront pas leur empire, tant que notre gouvernement n'aura pas subi les changemens révolutionnaires qu'il doit subir. Toutes les factions qui parviendront au pouvoir ne songeront qu'à deux choses : se venger du parti déchu, et assurer leur propre autorité. Quant à la gloire qui a entouré Washington au milieu des victoires remportées par la nation, personne ne supposera que les hommes efféminés de nos jours, insectes éphémères, prétendront à la popularité de ce grand homme. Quels droits les Condorcet ou les Roland du jour pourraient-ils mettre en avant pour mériter la réputation de bienfaiteurs de notre époque? Ils ne songent qu'à eux et aux choses du moment.

Tous les partis qui se sont succédé en France ont été tour à tour accablés d'ignominie. Si le temps et la vérité ont vengé la mémoire de quelques uns de ces hommes, jamais néanmoins ils n'ont été plaints par le public, et ils sont encore moins rentrés au pouvoir. Une révolution ne rétrograde pas; sa marche est uniforme, elle pèse autant sur l'homme d'état et sur le patriote que sur l'hypocrite et le poltron. Elle atteint tous les comités d'intrigans, jusqu'à ce que l'un de ces intrigans ait prouvé qu'il est un héros, et les événemens tiennent tellement aux circonstances que celui-là même devient un empereur.

Le retour de la raison publique et la vertu, en influant sur le gouvernement, font supposer deux choses : l'extinction complète des factions et l'adoption de la morale publique. Quand la raison veut parler, alors les préjugés se taisent, le calme se rétablit. Quelques personnes espèrent encore,

Nova progenies cœlo demittitur alto,

que la voix publique appellera la sagesse au

pouvoir et que l'amour du pays, qui est la moralité des politiques, gardera et maintiendra son autorité.

Ne sont-ce pas là de ces visions qui animent l'imagination d'un poète, mais non la pensée d'un véritable homme d'état? Quand les factions cesseront-elles d'agir? lorsqu'elles auront satisfait leur vengeance et leur ambition. Les factions, on le sait, sont sœurs jumelles de la liberté, mais nées avant elle; et, comme nous le dit la fable de Castor et Pollux, elles seules sont immortelles. Tant qu'il existera une faction, et qu'elle prendra part au gouvernement, la raison et la volonté publique devront être employées pour la combattre et la repousser; car jamais les factions ne peuvent opérer de bien sans faire des réformes. Les hommes mal intentionnés peuvent être remplacés par d'autres pires encore, qui parviendront uniquement par intrigue. Mais que peuvent la raison et l'ordre public? se taire et patienter.

C'est le cas actuel en France. Chez nous, la multitude célèbre avec joie le triomphe d'un parti sur une branche intégrale et indépendante de notre gouvernement; mais les gens sages se disent : Quand notre Roland tombera, notre Danton sera élevé par un semblable triomphe.

Quand nous parlons de patriotisme, comme thème de déclamation, il est nécessaire de déterminer ce que nous entendons par ce mot : c'est un sujet que l'hypocrisie sait rendre éloquent pour l'ignorance, parce que tout dans ce mot est flatteur. Pour que le patriotisme soit puissant, et un principe d'action réel, il faut qu'il soit imbu par l'éducation et fortement imprimé, tant par la politique du gouvernement que par la suite des événemens. Aimant avec ardeur notre pays, nous devons conserver quelques craintes sur sa sécurité ; sa détresse doit nous effrayer comme sa gloire doit créer notre propre satisfaction. C'est dans l'exercice de ces sentimens divers que la nation doit trouver sa sauvegarde.

En vain nous dira-t-on que, si la nation n'est pas animée de cet esprit public, les individus au moins sont de bons citoyens par la pureté de leur morale; mais que devient-elle cette morale, quand on ne sait pas la diriger? et comment lui imprimer une direction?

D'ailleurs, en politique, il est généralement entendu que si l'existence de la morale doit porter le peuple à préférer le système démocratique, l'application de ce système détruit nécessairement la morale. Dans un tel état de choses, le pouvoir ne peut exercer long-temps son contrôle, et sans contrôle il devient lui-même vicieux. Y a-t-il, dans les affaires humaines, une circonstance d'intrigue et de corruption plus honteuse et plus dangereuse par ses conséquences que le moment d'une élection générale? C'est une véritable épidémie qui atteint tout le monde de son venin; c'est un labourage qui retourne, en les exposant au soleil et à l'air, toutes les mauvaises herbes du sol; c'est une peste qui pénètre jusque dans la moelle des os.

Une société démocratique éprouvera dans sa morale les difficultés du temps actuel, et bientôt elle sera la compagne de sa joie licencieuse; elle encouragera les démagogues à poursuivre et à persécuter les magistrats en les accablant au moins d'inquiétudes; enfin, il ne peut y avoir de morale sans justice, et quoique la justice puisse exister dans un État démocratique, on peut dire que la démocratie supporte rarement la justice.

Rome ne s'est jamais lassée de faire des lois dans ce but, et toujours elle a échoué. La France a eu presque autant de lois que de soldats, et cependant jamais elle n'a eu de justice ou de liberté un seul jour. Il est constant que la faction qui dominait a souvent désiré perpétuer son autorité par la création d'une justice; la difficulté est donc dans la nature de la chose elle-même. En effet, dans un État démocratique, on est plus occupé à détruire qu'à créer; tout ce qui existe paraît odieux; la justice elle-même repose sur de fausses bases, et chacun paraît occupé à miner l'édifice. Au lieu d'être un pouvoir respectable pour contrôler les passions populaires, elle descend de son temple pour devenir un instrument de vengeance.

Les chefs du parti populaire ne commettent pas la faute de fonder leurs espérances sur l'existence des vertus politiques, et sur la durée de l'autorité de la morale publique ; ils agissent suivant la connaissance qu'ils ont des hommes actuels. Au lieu d'éclairer l'esprit public, ils l'embarrassent de plus en plus : ils savent que les mauvais sujets, à qui la société fait la guerre, se joindront à eux dans leurs attaques contre le gouvernement, ils enflamment l'ignorance, flattent la vanité, offrent de la nouveauté aux turbulens, et promettent le pillage à la plus basse classe. Les envieux sont convaincus que les grands tomberont, et qu'ils prendront leur place.

Il n'y a pas de société sans jacobins, de societé libre sans un nombre formidable d'individus de cette secte ; ils veulent usurper le pouvoir, et il n'est pas de libertés (si toutefois il n'est pas absurde de supposer qu'une démocratie en ait) qu'ils ne cherchent à détruire.

Le nombre des ignorans et des crédules est, en général, le plus grand dans une nation.

Athènes, avec sa perfection dans le goût des arts, en produisait par milliers dans ses assemblées populaires. Il est incontestable qu'une nation composée entièrement de savans et de philosophes aurait moins de présomption, d'ignorance politique et d'extravagance qu'une nation composée uniquement de négocians, d'agriculteurs et d'hommes d'affaires.

Les gens riches, en Hollande, ont été partisans de la révolution française, qui a subjugué leur pays et les a enchaînés. En France, la partie élevée de la nation a plus contribué que la populace de Paris à renverser le trône des Bourbons. La multitude était déjà enivrée de l'idée d'une innovation, avant de s'armer de piques pour agir.

Tout ce que nous avons de bon dans notre gouvernement, a été représenté par les factions comme autant d'abus. La vanité et la présomption naturelles au cœur humain, jointes à l'activité des esprits, ont d'abord offert un appui aux jacobins de notre pays, et l'ambition de telle classe d'hommes a suffi pour les déterminer.

Maintenant, bien que les chefs de parti puissent avoir des motifs de discorde les uns avec les autres, principalement dans la division du pouvoir et dans le partage du butin, ne serait-il pas absurde de supposer qu'ils voudraient ren-

dre les distinctions ou les biens à leurs propriétaires primitifs? Devons-nous attendre quelque
chose d'équitable de la violence et de la rapine? Ne
sont-ils pas inconséquens avec eux-mêmes, ceux
qui prétendent que notre système de gouvernement repose sur l'ordre et la justice, deux choses
qui ne peuvent exister sans la morale, et dont le
devoir est de protéger l'innocence ou de prendre
les avis des esprits éclairés, tandis que les hommes
qui exploitent ce système ne se plaisent que dans
la confusion provoquée par les innovateurs, pour
opérer un changement que l'ambition épie, quel
qu'il soit, pour en tirer parti.

On a dit que les craintes et les espérances populaires sont la tempête qui agite notre vaisseau
politique. Peut-il y avoir quelque chose de plus
redoutable que leur folie? Dans les divers événemens occasionés par la division entre les gouvernans, les amis de la liberté n'ont rien à espérer:
les tyrans peuvent changer, mais la tyrannie
reste.

Le système de la démocratie ne peut pas durer. D'après sa nature, il doit être remplacé par
le despotisme militaire, de tous les gouvernemens le plus prompt à s'élever et le moins ardent pour corriger ses vices. La raison en est
que la tyrannie de ce qu'on appelle le peuple,
et celle du sabre, opèrent de la même manière

pour corrompre, jusqu'à ce qu'il ne reste plus personne animé du désir de la liberté, ni morale pour soutenir la justice. La démocratie est semblable à une épidémie qui dévore les hommes : excepté la vermine, rien ne résiste à la dissolution.

Un gouvernement militaire peut rendre une nation grande, mais jamais il ne la rendra libre. Il donne lieu souvent à des contestations vives pour savoir qui tiendra l'épée ; mais le conquérant finit par détruire ses compétiteurs et empêche la division permanente de l'empire : l'expérience a prouvé que, dans un pareil gouvernement, il y a une tendance continuelle vers l'unité.

L'équilibre qui existait entre le sénat et le peuple a maintenu l'existence du gouvernement romain jusqu'au moment où les démagogues, dans l'intervalle des deux Gracques à César, essayèrent d'obtenir la faveur du peuple afin de parvenir par ce moyen au pouvoir. L'assemblée du peuple était maîtresse de tout, l'intrigue, la corruption et souvent la force, disposaient des votes. Il paraît que *Catulus*, *Cicéron*, *Caton* et les plus distingués des patriotes romains (et l'on peut dire que jamais peut-être il n'y eut d'hommes d'un caractère plus élevé), étaient persuadés que le peuple reconnaîtrait son erreur et reviendrait à une opinion plus convenable. Ils travaillèrent immédiatement à rétablir la république ; mais la corruption de ce temps, aussi profonde que la nôtre, rendit leurs efforts inutiles. Beaucoup d'amis de la liberté furent blessés dans leur affection par les guerres civiles. Quelques uns, comme *Lucullus*, se retirèrent dans leurs campagnes, et les autres, pour la plupart, lorsqu'ils n'étaient point bannis par le peuple, n'avaient ni commandement dans l'armée ni pouvoir dans l'état. *Catilina* fut au moment d'être choisi pour consul; mais *Piso* et *Gabinius*, non moins corrompus, lui furent préférés. Une nation si dégénérée ne peut guère conserver la liberté, et ce fut par un mauvais principe ou mus par de mauvais desseins que ceux-ci s'opposèrent à l'élection d'un favori du parti populaire. Un fait remarquable, c'est qu'après la mort de César, une réunion de circonstances particulières ayant offert une occasion de rétablir la république, il ne s'éleva pas de voix en sa faveur parmi le peuple. L'esprit républicain semblait avoir suivi l'âme du dictateur. Quand les partis ont été jusqu'à la violence, le calme, s'il revient, laisse peu de choses à faire à la sagesse. Les discours de Cicéron furent sans force contre les armes de Marc-Antoine.

Un système démocratique, un parti et une armée se ressemblent beaucoup : les uns et les autres sont le résultat de circonstances imprévues.

Malgré le défaut d'harmonie entre les diverses parties d'une démocratie, elles ne cherchent pas moins à se réunir à un centre, et ce centre, c'est le pouvoir arbitraire d'un chef. Il y a donc similitude entre une armée et une démocratie: toutes deux sont des gouvernemens produits par la force.

La multitude est en général dirigée par les passions; aussitôt que son projet est contrarié, elle a recours aux armes. *Furor arma ministrat.*

On commence par les coups de poing, on finit par les coups de sabre. Il est plus facile de discipliner une armée que la populace. Le peuple, qui fit le siége de la Bastille à Paris, fut bientôt organisé en garde nationale; mais sa puissance conserva le même caractère, employa les mêmes instrumens. Une véritable démocratie ne manque jamais de chefs ni d'armés; elle est donc de fait une véritable armée.

Une armée n'est pas organisée comme un corps délibérant; mais trop souvent aussi prétend-elle délibérer : et quand elle en vient là, c'est alors une démocratie embrigadée, presque toujours bien organisée, il est vrai, car alors la discipline devient plus sévère. Quand on permet à une armée de connaître sa force et que cette force est provoquée, il est à présumer qu'elle agira dans cette circonstance avec autant d'intelligence et un mépris aussi réel, pour tout ce qui tient à l'intérêt national et à l'opinion, que le ferait une réunion populaire conduite par des chefs sans expérience.

Si une armée ne doit pas délibérer, elle a néanmoins un esprit qu'il est important de ne pas froisser. Si Pompée, avant la bataille de Pharsale, avait joint ses lieutenans en Espagne, dans le dessein d'abandonner l'Italie et de créer en Espagne une république séparée ou une monarchie indépendante, non seulement les citoyens romains s'y seraient opposés, mais ses soldats l'eussent abandonné.

Après cette fatale bataille, Caton et Scipion ne pensèrent plus à former en Afrique un gouvernement indépendant. Il en fut de même pour Brutus et Cassius: ils reconnurent que la Grèce et la Macédoine, maintenues par la force d'une armée, ne leur offriraient pas les moyens de disputer à Octave et à Antoine la domination de Rome.

La haine la plus invétérée est celle qui s'élève entre individus dans la même position et liés les uns aux autres. Chaque soldat ressent personnellement l'insulte qui lui est faite par une autre armée qui repousse son empereur pour en reconnaître un de son choix; il regarde cette circonstance comme une menace et un défi. La mul titude, en général, n'entend rien aux querelles d'intérêts nationaux, elle ne peut en prévoir les conséquences ; mais un objet qui attaque la réputation, la vie ou l'autorité d'un militaire favori, l'anime et excite chez elle les passions.

Il est facile, pour tout le monde, de faire l'application de la ressemblance qui existe entre les principes d'une démocratie et d'une armée. Le grand moteur des actions du peuple dans une démocratie, c'est son dévouement pour une certaine classe d'hommes qui le flatte et le trompe, et son aversion envers ceux qui préfèrent les vrais intérêts du pays à la faveur populaire.

Dès que la populace est assemblée, en quelque petit nombre que ce soit, elle commence à sentir le besoin d'un chef : aussitôt qu'il est choisi, elle lui obéit au moins implicitement et se montre également disposée à se battre ou à incendier, à voler ou à assassiner, pour soutenir sa cause, qu'un soldat est disposé à obéir aux volontés de son général.

(L'auteur prouve ici, en s'appuyant sur l'histoire de la république romaine, que le peuple, après avoir été la proie des troubles suscités par les factions rivales et la licence, restera un mauvais gouvernement indivisible. Après les factions de l'époque de Marius, dit M. Ames, les principes républicains s'effacèrent,

Rome conserva, pendant environ six siècles, le despotisme militaire. La liberté une fois détruite aux États-Unis, il est difficile d'espérer son rétablissement; et l'on peut se demander si leur seule ressource ne sera pas alors d'adopter le gouvernement militaire. Ce serait sans doute le moyen le plus sûr sinon d'empêcher, au moins de prévenir leur chute.)

L'Angleterre, par sa position insulaire, est à l'abri de toute conquête par les étrangers ; mais ayant un ennemi redoutable dans son voisinage, elle doit naturellement entretenir sans cesse son patriotisme. Cette vertu qui, dans sa ferveur et dans l'élévation de la société, se compose de l'esprit commercial et de l'esprit militaire, réunit encore d'autres qualités. C'est le patriotisme qui a donné naissance au caractère militaire, non seulement des classes élevées, mais encore de la nation prise en masse. Tout dans cette île porte le sceau de l'alliance de l'intérêt privé et de l'intérêt national. Un Anglais ne peut pas avoir de craintes pour son gouvernement sans en ressentir pour sa propre sûreté. Quelle différence entre ce pays et ceux où les citoyens regardent une constitution comme un chiffon de papier, sur lequel on en pourrait écrire une autre.

En détruisant les piliers qui font sa force et sur lesquels il s'appuie, le gouvernement anglais perdrait tous ses avantages et une révolution s'ensuivrait. Lorsque la chambre des communes déclara, par son vote, que la chambre des pairs était inutile, les comités de cette chambre y répondirent avec énergie. La nation a eu le bon sens, ou pour mieux dire sa fortune l'a assez bien servie pour qu'elle ne changeât rien à sa constitution jusqu'au moment où des circonstances, des événemens imprévus lui prouvèrent la nécessité des réformes. Elle continua à s'opposer aux innovations spéculatives. L'esprit dangereux de la métaphysique n'a pas été conjuré pour démolir ce qui existait, dans le but d'introduire des changemens et de construire sur de nouveaux plans. Le bonheur dont jouit cette nation repose sur les mêmes fondemens, d'autant plus solides qu'il n'a pas été permis à de nouveaux architectes de bâtir dessus. C'est donc, nous pouvons nous permettre de le dire, un *vrai gouvernement de fait.*

Dans notre gouvernement on a fait plus de changemens en quatre années que l'empire n'en a éprouvé depuis cent quarante ans (1). Dans ce pays, toutes les attaques et les entreprises d'u-

---

(1) **M.** Fisher aurait changé de langage s'il avait été témoin des innovations qui ont eu lieu depuis quatre ans.

(*Note de **M.** Ed.*)

surpation dans le pouvoir, ont été vivement et vigoureusement repoussées, et des améliorations ont eu lieu, seulement dans les principes constitutionels en faveur de la liberté. Il suffit de parler de l'*habeas corpus*, de l'indépendance des juges et de la perfection, si quelque chose d'humain peut être parfait, dans la manière d'administrer la justice; résultats de la fameuse élection de Middlesex et du droit de faire des recherches ou droit d'enquête. Plaise à tous ceux qui voudront prendre la peine de réfléchir, d'établir la comparaison.

Il faudrait être aveugle pour ne pas reconnaître que d'un gouvernement républicain que l'on devait supposer stable et régulier, nous sommes devenus un état de démocratie licencieuse, de manière à nous interdire les moyens de nous y opposer et à peine celui de nous plaindre de la liberté avec laquelle ce changement s'est opéré.

Mais, si notre expérience ne nous avait pas mis en garde contre la catastrophe qui s'approche, la nature même de la démocratie nous l'aurait inévitablement infligée.

Un gouvernement mû par les passions populaires, ou dirigé par l'ambition et le vice de ses chefs, est bien une véritable démocratie. On nous a tant parlé de la souveraineté du peuple, on a tant établi de théories spécieuses sur les droits de l'homme, toutes contredites par l'expérience et par leur nature, que peu de personnes en sont alarmées et redoutent les malheurs d'une démocratie. Ils les croient éloignés ou temporaires. Fatale illusion!

Si l'on avance qu'il existe une tyrannie dans les actes de la majorité comme dans ceux d'un seul homme, le vrai démocrate en convient tacitement, mais il continue d'agir comme s'il était impossible qu'il y eût jamais rien à redouter du pouvoir populaire non contrôlé. Il dit: le pouvoir arbitraire peut créer un tyran, jamais il ne rendra esclave celui qui le possède.

Qu'il nous soit permis d'abord d'observer que le pouvoir individuel n'est pas la liberté. Quand je vote pour l'homme de mon choix, il peut néanmoins ne pas être élu; il se pourrait encore qu'il trompât mes espérances, qu'il fût battu par un plus grand nombre de voix données à un autre; je puis donc jouir de tout l'exercice de mes pouvoirs comme citoyen, et cependant des lois peuvent être faites, et des abus peuvent être introduits, qui me priveront de toute liberté. Je puis être traduit devant un jury, que la cour aura composé d'hommes pris parmi mes ennemis politiques. Ma vie et ma liberté dépendent donc de la volonté du chef de cette cour. Je puis être imposé arbitrairement dans l'exercice

de ma profession, ou sur une estimation erronée de ma propriété, de manière à soumettre
tout ce que je possède au contrôle du gouvernement; il faut me résigner au sacrifice qu'il peut
exiger de moi. On aura beau me dire que je dois
me soumettre à la volonté de la majorité ;
comme elle est souvent l'expression de la faction
dominante, cette soumission peut être contestée;
à la moindre résistance de ma part, je puis en
conséquence être poursuivi et réduit au désespoir. Je puis devenir fugitif, parce que le parti
dominant me fait redouter de rester chez moi,
ou peut-être encore, tout en restant chez moi,
mon nom peut être inscrit sur une liste de proscription, comme émigré.

Tout cela est arrivé en France, et les grands
admirateurs des exemples donnés par ce pays
sont impatiens de les imiter, et cependant le
peuple peut prétendre être la plus libre des
nations.

Que penseraient le clergé menacé, l'aristocratie
de l'opulence marchande exposée aux mêmes
dangers que moi, s'ils se trouvaient ainsi placés?
diraient-ils: c'est la liberté? Certes, il existe dans le
gouvernement assez de moyens d'oppression pour
le faire paraître odieux et terrible aux yeux de
tous; et cependant tout cela, et mille fois plus
encore, est arrivé en France; ces scènes horri-

bles seront reproduites aussi souvent qu'il plaira à Dieu, dans sa vengeance céleste, d'instruire les hommes des effets de la licence des passions.

Comme corps, le peuple ne peut pas délibérer; néanmoins il sera toujours disposé à agir, et ses résolutions seront toujours dirigées par les démagogues. La certitude qu'il possède le pouvoir suprême inspirera au peuple des passions désordonnées; et les hommes violens, les plus disposés à satisfaire leurs passions, seront ses favoris.

Ce qu'on appelle le gouvernement populaire, est de fait le pouvoir arbitraire de semblables hommes. Voilà la vraie démocratie. Peut-on vouloir profiter de ce pouvoir et mettre un prix à la volonté de la majorité, quand cette majorité est composée d'un comité de démagogues? quand les lois et les droits sont de fait à la merci d'une faction victorieuse? Pour rendre une nation libre, il faut contenir les malveillans et comprimer la violence par une force supérieure. L'homme faible reconnaîtra que sa liberté ne provient pas de sa souveraineté individuelle, mais de la force des lois et de leur exécution. La sage réserve de nos concitoyens peut nous rendre libres.

La souveraineté populaire est plus respectable, mais moins bienfaisante, quand elle réside dans les tribunaux. Providence humaine, sa fonction est de protéger , d'éclairer ; mais si le peuple est nanti de ce pouvoir dans ses assemblées, il devient en ses mains un instrument de destruction. Une liberté tempérée , c'est la rosée invisible qui tombe du ciel : elle rafraîchit la végétation et lui donne une nouvelle vigueur ; la nature ainsi vivifiée, s'épanouit au premier rayon du soleil. La démocratie, au contraire, brûle tout ce qu'elle voit et laisse la terre inculte jusque dans ses entrailles ; la main de l'homme devient impuissante au milieu de cette masse de ruines.

Nos compatriotes sont dans une étrange erreur en pensant que la démocratie sera paisible et tranquille en Amérique. Les excès horribles dont la France a été victime font, disent-ils, partie des chances inhérentes à la nature humaine, quand le gouvernement, la morale et la religion sont mis de côté ; ils en accusent aussi le caractère cruel et pervers des Français.

La vérité, il faut en convenir malgré nous, c'est que, de tous les animaux, l'homme est, sans contredit, le plus féroce, quand ses passions sont excitées ; c'est que, de tous les gouvernemens, le plus mauvais est celui qui irrite les passions sans pouvoir les réprimer, c'est-à-dire le gouvernement démocratique ; que ce gouvernement est un enfer perpétuel, environné de tourmens et de tortures de toute espèce : il se réjouit du mal qu'il fait, et l'expérience nous montre qu'il ajoute encore à tous les maux la calamité de rendre les hommes aussi méchans que lui. Quand un homme jette ses regards autour de lui et qu'il voit ses semblables paisibles et doux, il ne peut être effrayé de l'abus de leur pouvoir sur lui : certainement, se dit-il, s'ils m'oppressaient, ils épargneraient au moins pour eux leur propre liberté, car c'est un bien précieux pour tout le monde. Aussi est-ce la vérité, et c'est ainsi qu'est fait le cœur humain, qu'un homme aime la liberté autant que sa propre existence. Cette liberté cependant est une chose rare dans le monde, bien que le désir de l'obtenir soit universel.

Avant la révolution française, nous pensions tous ici que les autres nations n'étaient pas libres, parce que leur gouvernement despotique pesait trop sur le peuple ; nous étions portés naturellement à détester les autres gouvernemens, comme destructeurs de la liberté, et nous espérions que de leur chute, les peuples renaîtraient émancipés en adoptant les mêmes principes et les mêmes droits que nous.

La France a eu cette occasion, elle l'a laissé échapper. Ne devons-nous pas en conclure que l'amour de la liberté ne suffit pas pour la conserver? que le peuple, lorsqu'il a détruit tous les pouvoirs, excepté le sien propre, est bien près du despotisme, d'autant plus dangereux qu'il est hypocrite?

La marche qu'une nation doit suivre pour changer son gouvernement, n'est pas d'éclairer le jugement ou de calmer les passions : elle doit mettre en avant et suivre les hommes qui renferment la furie dans leurs cœurs et en ont banni tous les sentimens de la nature. Quels que soient les chefs qui dirigent ce mouvement, l'œuvre révolutionnaire est la même, et le caractère des agens qui opèrent peuvent être assimilés. Une révolution est une mine qui doit éclater avec une violence destructive. Les hommes les plus paisibles marchent avec le fer et le feu à la main ; or qui pourrait, quand ils sont ainsi armés, les amener à se soumettre à une salutaire réserve? Comment, en effet, pourrait-on les y décider? on ne peut pas raisonner avec la fureur. Peut-on satisfaire la vengeance sans répandre du sang? Peut-on endoctriner des bandits de manière à leur faire connaître le repentir? Si vous le pouviez, dans des momens de violence et d'anarchie, alors sans doute vous n'auriez plus besoin d'autre sauvegarde que la raison, cette arme de paix et d'ordre, pour sauver votre vie et vos propriétés ; pourtant, même alors, vous êtes contraints d'y mettre des restrictions , d'appeler à votre secours les lois et leurs instrumens de terreur. Alors vous appelez à votre aide des ministres de la religion pour fortifier votre opinion, et vous rendez ainsi la religion l'auxiliaire de la morale. Nonobstant toutes ces mesures, des crimes se perpétuent et la société est loin d'être tranquille et en sûreté.

Maintenant, rompez toutes ces défenses, rendez les lois hostiles, détournez tout ce qui doit les protéger ; étouffez la morale et la paix, par des actes de rapine et de vengeance ; ou, si elles continuent d'exister, rendez-les illusoires, et faites que le peuple se rie de la morale et des principes vertueux ; remplacez le sabbat des chrétiens par une cérémonie profane qui puisse, une fois tous les dix jours, reposer de ses travaux infâmes l'horrible meurtrier, car il faut encore l'apparente sainteté des fêtes à celui-là même qui a commencé à verser le sang par esprit de vengeance, et s'est acheminé à tous les crimes par l'habitude. Quel sera l'état d'une semblable société? la rage augmentera avec l'impunité; la lâche fureur de la populace croîtra en raison du peu de résistance qui lui sera opposée, et la soif du crime augmentera à mesure que le sang sera répandu.

Dans un tel état de choses, peut-on préserver

la liberté contre la violation? elle ne serait pas un instant à l'abri du poignard de ceux qui, s'étant emparés du pouvoir despotique, la réclameraient encore comme un droit. J'ai écrit ainsi l'histoire de la France. Nous ne pouvons y songer encore sans effroi et sans ressentir un mouvement de désespoir.

La forme du pouvoir arbitraire est toujours odieuse; mais le pouvoir arbitraire de la multitude ne peut durer long-temps. Il n'y a vra-semblablement pour le genre humain aucune règle suivant laquelle les progrès du gouvernement dépendent si peu du caractère particulier de ceux qui administrent. La démocratie, comme nous l'avons dit, est l'œuvre de la violence, et le passage vers la tyrannie est si prompt, que la plus grande cruauté et la bassesse des hommes se dénotent avec une uniformité vraiment surprenante. Les grands talens, le génie n'ont pas le temps d'agir. Rien ne peut nous prouver que nous puissions conduire et diriger une révolution avec plus de douceur que ne l'ont fait les Français. Si une révolution éclatait parmi les hommes les plus doux et les plus timides, ils deviendraient bientôt carnivores et cannibales. Dans tous les états, les partis sont une puissance qui gouverne. Les gens modérés, les citoyens bien pensans n'ont ni pouvoir ni influence. Il ne peut en être autrement, puisque la puissance et l'influence sont le résultat des combinaisons factieuses qui dominent les individus et poussent les gens vertueux et bons vers la fureur.

C'est une loi générale en physique, comme en politique, qu'un corps en action l'emporte sur un même corps en repos. Les attaques faites pour détruire les barrières constitutionnelles prouvent et proclament, pour ainsi dire, à son de trompe, que l'esprit de parti ne tolère aucune résistance à sa volonté. Tous les ordres supposés indépendans de la communauté, doivent être autant d'instrumens serviles ou autant de victimes. Dans le cas dont nous parlons, le même despotisme aurait lieu si la bataille était gagnée. Elle le sera, et ceux qui, déjà, ont adopté le masque de leurs prédécesseurs et maîtres, les jacobins, ne languiront pas long-temps pour suivre entièrement leur exemple.

Quel sera donc notre sort, si la démocratie domine un jour?

Inévitablement, elle fera triompher les factions. Au lieu d'un gouvernement stable et libre, il s'établira des partis de différentes opinions : l'orgueil formera bientôt entre eux des contestations qui seront enflammées par la rancune; il y aura rivalité entre les individus que le génie et

le mérite auront tirés de la foule. Ces mouvemens agiteront sans cesse l'état et le compro-
mettront; ces partis divers alarmeront sans
doute; mais, semblables aux élémens, en les
laissant à eux-mêmes, ils se calmeront en exha-
lant leur furie les uns contre les autres.

L'objet de leurs efforts est d'arriver au pouvoir; mais, constitués comme nous le sommes,
le pouvoir sur le gouvernement n'étant pas facile
à obtenir, on tentera difficilement de l'usurper.

Dans un état démocratique, au contraire, il
y aura toujours des factions; le souverain pouvoir étant entre les mains de tous, ne sera effectif
que pour un petit nombre d'individus; il n'y
aura donc qu'un petit nombre d'individus qui
intriguera et se disputera la possession de ce
pouvoir. L'histoire nous apprend que ces tentatives n'ont jamais manqué d'être accompagnées
de succès.

Mais quels seront ces individus? Certainement
ce ne seront pas les gens de bien : loin de vouloir
contrôler la société, ils ne cherchent qu'à jouir
tranquillement de sa protection. Seront-ce les
négocians, les spéculateurs, les fermiers qui n'ont
pas le temps de s'occuper de la politique? Certes,
l'industriel ne pourra pas davantage se détourner
de la gestion de ses manufactures pour se livrer
à ce genre d'occupation. Non, ce sera l'ambi-

tieux, l'intrigant, qui cherchent à secouer le joug imposé par les lois. La faction, c'est Hercule commençant par étrangler le lion, afin de se faire une arme de sa dépouille. Dans tous les états démocratiques, la faction populaire trouvera des lois qui agiront contre elle; mais elle cherchera à dompter ces lois; et il n'est pas exagéré de dire que, dans ce cas, le conquérant se contentera de la moitié des fruits de sa victoire.

En adoptant le système de démocratie, nous nous exposons à des factions despotiques, d'autant plus dangereuses qu'elles s'irritent par la résistance qu'on leur oppose, et le mépris inspiré par leur triomphe augmente encore l'insolence de leur domination arbitraire; elles agiront, non pas d'après les règles de l'intérêt de la nation, mais en raison de leur intérêt particulier et d'après leurs passions.

Ce malheureux état de choses ne peut qu'augmenter, mais non se réformer : c'est le commencement d'une révolution qui marche, qui s'avance. Nos affaires, comme on l'a dit avec raison, ne dépendent plus des conseils. L'opinion de la majorité ne peut plus rien sur le résultat de notre destinée; elle ne peut même pas en retarder l'exécution. Les démagogues de ce jour peuvent être et seront sans doute remplacés par d'autres. Ces nouvelles factions, qu'elles soient composées d'hommes plus habiles ou plus mauvais, réussiront à leur tour : l'intrigue remplacera la force, et la populace mettra son poids effrayant dans la balance.

Tandis que l'on peut encore diriger les passions de la multitude pour s'opposer à toute action extraordinaire, nos gouvernans ont une tâche facile à remplir. Il leur en coûtera seulement un peu d'hypocrisie. Mais à l'instant même où des rivaux favoris du peuple entreprendront de s'emparer du pouvoir, nous devons nous attendre aux troubles sanguinaires que produit l'ambition. Brissot tombera par la main de Danton, qui lui-même sera remplacé par Robespierre. Cette révolution suivra la même marche, sans peut-être avoir la même rapidité que celle de France ; le mal s'accomplira, et un chef hardi fera la conquête de la liberté et régnera à sa place.

CHAPITRE II.

De l'Égalité.

—

Il existe quelques maximes populaires, regardées à peine comme fondées, et qui, néanmoins, sont respectées comme une chose sacrée. Les articles de foi de la *démocratie* renferment en grande partie des maximes vraies ou paraissant l'être. Ils adoucissent tellement l'orgueil et l'envie, que c'est à peine si on peut les contester et les soumettre à un examen sérieux.

Les écrits de Thomas Paine abondent de ces sortes de vérités spécieuses et perverses. De toutes ses doctrines, aucune peut-être n'a occasioné plus d'agitation et de trouble que celle par laquelle il proclame que tous les hommes sont nés libres et égaux. Mais il n'est pas l'auteur de ce système , établi en Amérique long-temps avant l'apparition de M. Paine dans ce pays. Cependant cette idée a passé pour neuve dans toutes les autres parties du monde, et c'est ce principe que la révolution française a propagé sur le globe entier ; cette innovation a partout donné naissance à une grande agitation d'esprit. Ceux qui ne pouvaient pas être gouvernés par la raison, résolurent de ne plus se laisser contraindre par le pouvoir; ceux qui avaient été gouvernés par les lois, désirèrent jouir de la nouvelle prérogative d'une majorité démocratique, qui semblait pouvoir s'établir de plein droit. Ils imaginèrent qu'en rendant souveraines leurs passions et celles de leurs semblables, ce serait investir les hommes d'un plus haut degré de perfectibilité, et rendre à leur désir de liberté une ardeur céleste, qui ne pourrait plus s'éteindre. Ils oublaient ainsi que comme les esclaves se fatiguent de leurs chaînes , les hommes libres se lassent de leurs droits. La vraie liberté n'avait plus pour eux d'autres charmes que ceux dont les philosophes du siècle prétendaient qu'on l'avait frustrée.

Comme à un signal donné, les Lazzaroni de Naples , cinquante mille vagabonds, sans asile et moitié nus, demandent à jouir des droits qu'on leur avait enlevés; les soldats prussiens se disposent à former des associations dans les villes; Constantinople même s'émeut , et cette nouvelle doctrine y prévaut sur l'action de l'opium; les Turcs engourdis , deviennent frénétiques comme les Parisiens. Il n'est pas étonnant toutefois que des esclaves souhaitent leur affranchissement; la liberté est pour eux un bien inconnu. Mais que l'Angleterre et les Etats-Unis d'Amérique, en pleine jouisance de cette prétendue liberté, aient été au moment d'en faire le sacrifice, pour obtenir le bien fictif qui leur était promis, c'est ce qu'on ne pourrait croire. Cependant, dans les deux pays, s'établirent des sociétés, qui, en apparence au nom de leur patriotisme, mais en réalité sous l'influence de leurs préjugés, montrèrent la liberté comme une forteresse occupée par l'ennemi, et en demandèrent la délivrance.

Si l'on avait pris à la lettre les doctrines qui surgissaient, tous les hommes étant libres et égaux, les chefs auraient pu devenir des valets exécutant les ordres de ceux qui les servaient naguère, et cesser d'avoir aucun droit pour donner des ordres à leur tour. Cette génération étant ainsi composée de personnes se croyant toutes au même niveau , le respect et l'obéissance pour les institutions devenant inutiles, chacun se prétendant aussi sage et aussi habile que son voisin, il n'y avait plus de déférence à en attendre. Comme conséquence nécessaire de telles utopies, chacun se devait dire : les hommes conduits à une semblable perfectibilité commettraient une lourde anomalie en négligeant leurs droits. Que serait-ce donc si les gouvernemens existans résistaient aux demandes du peuple, puisqu'une nation pour être libre n'a qu'à le vouloir? Si la génération actuelle souffre, celles qui la suivront, soit la première ou la vingtième, débarrassées des vieilles idées que nous voulons renverser, pourront jeter les fondations de la liberté aussi profondément qu'elles le voudront, ou élever son temple aussi haut qu'il leur plaira, pour perpétuer sa grandeur.

Avec des opinions aussi étranges, des passions aussi violentes, l'esprit de la démocratie a été poussé jusqu'à l'extravagance; rien dans le danger n'était, il est vrai, de nature à affecter nos droits et à nous effrayer. Les démocrates demandaient simplement à voir les rois, les prêtres et les nobles expirer dans les tortures. Les massacres de Paris, le siége de Lyon, les noyades de Nantes, les assassinats au nom de la justice, qui fatiguaient les assassins, ont été autant de maux nécessaires pour amener un bien ou uniquement pour satisfaire la juste vengeance des opprimés.

Les philosophes *illuminés* observent les agitations de ce monde comme s'ils n'en faisaient point partie, comme s'ils y étaient simples spectateurs ; on les dirait placés tranquillement dans quelque planète , d'où ils observent la révolution des autres mondes ; échauffant quelquefois cette planète de leurs feux ; d'autres fois, s'entourant de leur vapeur, ils semblent contempler l'ouragan qui se forme sur les montagnes, pour se perdre ensuite dans les nuages. Pour eux, la formation ou la décomposition n'est qu'une simple manifestation des lois de la nature. Un *vrai* philosophe est supérieur à l'humanité ; il pourrait résider sur cette terre , alors même qu'elle serait dépeuplée, et se reposer sur ses cendres, après le dernier embrasement qui doit la détruire.

« L'égalité, disent-ils, dédommagera le genre humain de toutes ses souffrances. »

Mais aussi, nous, nous pouvons répondre : « Comme plusieurs siècles d'anarchie peuvent s'écouler avant d'amener la fin d'une tourmente révolutionnaire, notre génération a bien le droit de s'opposer aux innovations qui doivent la rendre si malheureuse, en attendant le bonheur promis à nos arrière-neveux. » Les illuminés n'ont que cette faible espérance à offrir, pour nous indemniser de tous les crimes, de toute la misère dont leurs principes ont couvert la France

et de toutes les horreurs des nouvelles révolutions qu'ils désirent faire naître en Europe, du
Bosphore à la Baltique. Quelle pensée est donc
sous-entendue dans le nom de cette prétendue
égalité, et que prétend-on espérer? Les philosophes du parti démocratique ne manqueront
pas de dire qu'ils n'ont pas en vue l'égalité des
richesses, mais seulement celle des droits. En
donnant à ce mot une signification raisonnable,
je reconnaîtrai combien il serait juste d'accorder
à tous les hommes l'égalité devant la loi, s'il doit
en résulter une égale protection pour les choses
et pour les individus. Nul, je pense, ne s'opposerait à cette application du mot *égalité*. Mais ce
n'est pas là une grande innovation; car il est
certain qu'un pauvre est aussi bien le maître de
ses droits, qu'un riche l'est des siens : et les
Français n'ont pas eu beaucoup de peine à établir ce principe. La grande charte d'Angleterre
(*magna charta*) obtenue en 1216, renferme ce
qu'ont demandé les révolutionnaires de 1776 : *la
liberté de l'Angleterre.* Ils l'ont réclamée comme
un droit; c'était à juste titre, car cette charte
dit que la justice ne sera ni vendue ni refusée
à personne, ni même différée; et le système du
jury ayant été adopté peu après, ce fut ainsi aux
sujets eux-mêmes que le gouvernement confia
la conservation de ces droits. Jamais l'égalité et

les droits de l'homme n'ont pu avoir une interprétation plus juste, plus conservatrice que cette
organisation. Tel est le système de véritable égalité que nos pères nous ont légué, égalité qu'ils
regardaient comme un droit inné. Cependant
cette glorieuse part de liberté, si large, si stable,
si tempérée et garantie par les lois, a été présentée
de nouveau aux peuples comme une marque
infamante de notre dépendance coloniale envers
l'Angleterre.

Comme les lois assurent également ces droits
à tous les citoyens, les jacobins ne cessent pas de
décrier ce système. Il est plus que probable que
c'est qu'ils portent plus loin leurs prétentions
d'organisation politique. C'est ainsi que, dans
leur plan d'égalité, ils veulent que tous les citoyens
soient appelés à de nouveaux droits.

Vous avez acquis par vos mains, ou hérité de
vos pères une propriété ; il est naturel, dira tout
démocrate de bon sens, que mes droits à cette
propriété soient moins grands que les vôtres,
aussi n'y prétendé-je pas un droit égal au vôtre.
Mais vous avez une propriété, et moi je n'en ai
pas ; cependant j'ai autant que tout autre homme
le droit d'en avoir une. Je puis, par mes écono-
mies, mettre en réserve l'argent que m'aurait
coûté cette acquisition, de manière à assurer à
ma vieillesse l'aisance et le repos. Tout le monde

ne peut pas être riche, mais tout le monde a le droit de chercher à le devenir ; les uns réussissent entièrement, les autres en partie, d'autres pas du tout, suivant la bonne direction de leurs calculs ou leurs chances de bonheur. Si, dans cette hypothèse, j'ai su me réserver quelque bien, je dois en être libre possesseur, et les lois, comme le gouvernement, doivent garantir ma possession. Mais les idées des hommes qui prétendent un *nouvel ordre de choses*, ce qui veut déjà dire qu'eux - mêmes reconnaissent que ce qui existe depuis si long-temps est l'ordre, leurs idées, ai-je dit, vont plus loin.

Ils considèrent un gouvernement républicain comme le seul dans lequel puisse exister l'égalité qu'ils convoitent. Un tyran ou un roi, ce qui, pour eux, est presque synonyme, ne peut veiller aux droits de ses sujets. Cependant voyez le grand-seigneur ; bien que son pouvoir soit le type de l'arbitraire, la main pesante de son despotisme ne tombe que sur les hommes en charge et les aristocrates, que les admirateurs de l'égalité doivent avec plaisir voir étrangler par le fatal cordon. Le reste des sujets du gouvernement turc jouit d'une sécurité, stupide il est vrai, mais à l'abri de l'oppression du pouvoir. Avoir des droits quelconques sans la sécurité convenable pour en exercer la jouissance, ne peut pas satisfaire un homme de raison, et c'est là précisément que gît la difficulté pour la secte des démocrates. Les droits et l'égalité qu'ils admirent sont dénués de toute espèce de sécurité rationnelle, et sont d'une nature totalement subversive de la vraie liberté. Pour eux, les principes d'égalité consistent en ce que tous les citoyens d'une république aient les *mêmes droits au pouvoir politique :* c'est ce qu'on appelle le républicanisme. Ce principe amène au pouvoir la démagogie, qui se décore du titre de *pouvoir populaire.* Et l'on dit au peuple que sa cause est opposée à celle des tyrans coalisés de l'Europe, et à l'intrigue fédérée des aristocrates d'Amérique.

Poser des bornes au pouvoir populaire est, aux yeux des démocrates, une véritable folie; car, d'après leurs idées, c'est s'imposer des entraves à soi-même. C'est aussi, pensent-ils, chose dangereuse, en cela que le pouvoir est la liberté; que le restreindre, c'est soulever des difficultés nouvelles, en s'exposant à la tyrannie de la minorité; c'est abandonner ses principes, déserter sa propre cause.

Tous les démocrates soutiennent que le peuple a un droit inhérent, incontestable au pouvoir. Il n'est rien de fixé qu'il ne puisse changer; rien de sacré que sa voix, *qui est la voix de Dieu,* ne puisse blasphémer et détruire. Pourtant, il n'est pas moins vrai que les rois, les parlemens et les exemples du passé ne peuvent avoir assez de force pour contenir le peuple. La voix de la majorité est non seulement une loi, mais c'est aussi un droit. Le peuple pouvant agir comme il lui plaît, tout ce qu'il veut devient une règle. C'est ainsi que la vertu, la foi publique, l'honnêteté ne sont plus, pour les démocrates, que des lois arbitraires, que le peuple a bien voulu supporter, mais qui cesseront d'être obligatoires au moment même où la majorité en ordonnera autrement. Les adorateurs de ce culte politique encensant leur idole, dont ils font leur être suprême, regardent comme une exécrable impiété de l'accuser de la moindre injustice. C'est aussi la morale de ce nouveau culte qui leur fait penser qu'une dette publique étant une charge, on peut s'en débarrasser quand le peuple se fatigue de la supporter. Infaillible qu'il est, suivant eux, le peuple ne peut pas faire une constitution hostile au gouvernement.

Telle est, dans leur système, la puissance populaire, que ni la religion, ni la morale, ni la politique, ni le peuple lui-même ne peuvent élever une barrière contre l'exercice capricieux ou raisonnable de son pouvoir. Mais, ce qu'ils refusent ici, l'esprit de sédition se chargera de le faire. Le pouvoir illimité du peuple est encore à

leurs yeux plus sacré que la religion, que la justice, que le bien général. Il est évident, en effet,
que si nous prétendons avoir la liberté illimitée
de surveiller nos magistrats, nos lois et notre
gouvernement, nous ne pouvons pas chercher
d'autre liberté. Les jacobins eux-mêmes ont dé-
cidé qu'une pareille liberté à elle seule était pré-
férable à toute autre liberté sans le droit de surveillance. Nous demanderons cependant (si toutefois il n'y a pas acte de rébellion à poser cette
question) s'il est certain que le pouvoir du peuple,
exempt de contrôle, soit un de ses droits, et que
ce droit soit absolument essentiel à sa liberté?
Tous nos droits individuels ne peuvent être exer-
cés que dans la mesure du respect dû aux droits
des autres individus : ils se lient ensemble et ne
peuvent sortir des limites raisonnables qui leur
sont imposées. Comment se fait-il donc alors que
les démocrates trouvent dans le peuple en masse
un pouvoir qui n'appartient à aucun de ses membres individuellement? Les meilleurs principes,
poussés à l'extrême, cessent d'être principes. Pourquoi donc font-ils consister les droits du peuple
dans cet extrême, et prétendent-ils, sans aucune
restriction, qu'ils ne peuvent exister sans cela?
C'est que, suivant eux, toute mesure de droit
individuel, opposée à la puissance illimitée du
peuple, est une véritable chaîne, une usurpation

qu'il faut détruire, même quand l'emploi en serait utile, parce qu'elle pourrait acheminer à la tyrannie. Ni l'empereur *Commode*, ni *Caligula* ne donnèrent jamais une telle extension à leur pouvoir et ne poussèrent jamais l'impiété du mépris des droits individuels au point où la poussent les élus de la démagogie.

Les écrits de Thomas Paine et les journaux démocratiques prouveront suffisamment que cette définition de leur doctrine n'est nullement exagérée. Elle est telle qu'ils la représentent eux-mêmes. Souvent ils disent qu'ils ne sont point partisans d'une pure démocratie, car ils savent bien qu'elle amène à la licence, et en conséquence ils penchent pour un gouvernement énergique.

Il est plus certain et plus satisfaisant de croire à la conduite d'un parti qu'à sa profession de foi. Croyons donc que les amis de la liberté rationnelle ne décideront que d'après les faits et en conséquence des transactions authentiques du parti démocratique, s'ils veulent qu'il soit imposé un contrôle et une restriction au peuple, et que ce qui existe en ce moment soit modifié, sinon même aboli. Si les citoyens paisibles désirent réellement une simple démocratie, et que le pouvoir du peuple soit arbitraire et sans contrôle, il faut qu'ils en calculent bien toutes les conséquences

avant de laisser entreprendre le moindre changement au gouvernement, afin de le rendre propre à un état démocratique. Qu'ils pèsent les sacrifices que la vraie liberté devra supporter : ainsi,
l'ordre troublé, le sang répandu, des trésors
engloutis, tels seront les sacrifices que cette forme
de gouvernement nécessitera d'abord. Si, après
de mûres reflexions, ils se déterminent néanmoins
à courir tant de chances, alors qu'ils nomment
les hommes et les suivent les armes à la main,
puisqu'ils sont si envieux de les mettre en avant ;
car, il faut se le rappeler, « les hommes poussés
» à la fureur chercheront leur liberté partout,
» au milieu du carnage et de la désolation. »

Si, au contraire, ces amis de la liberté rationnelle, préféraient la constitution telle qu'elle a été
faite et honnêtement exécutée, ils reviendraient
alors à l'ancienne cause si longuement éprouvée
et dont l'expérience a permis d'éprouver le mérite et la valeur.

Il n'y a pas dans le monde de pays où les théories visionnaires aient plus contribué qu'en France
à défigurer les connaissances politiques. C'est là
aussi que les faits ont le plus servi à éclairer les
doctrines de l'égalité, les droits de l'homme et le
pouvoir illimité du peuple; qu'ont prévalu des opinions extravagantes, à un tel point, que les Français ont été transformés en politiques innovateurs,

qu'ils ont cessé d'être le peuple de Dieu pour devenir celui de quelque autre divinité choisie pour conserver la véritable foi politique, celle de l'oubli et de la corruption. La prétendue modestie des Français leur a fait réclamer ce mérite dans tous les pays comme s'ils étaient de nouveaux Romains et les autres peuples de nouvelles races de barbares, et nos sophistes patriotes se sont prêtés avec empressement à cette prétention.

Le temps n'est pas plus ami de la folie que de l'hypocrisie, il force les intempérés à devenir sobres et la bassesse à déposer son masque. Le gouvernement révolutionnaire de la France est maintenant fini ; nous sommes appelés à en examiner avec attention tous les caractères particuliers que la démocratie, dans sa tendresse, n'ose envisager que comme une divinité au berceau. Jamais admiration populaire n'a été plus extravagante, jamais aussi son désenchantement n'a été plus complet et plus signalé. La révolution française a été un de ces événemens qui ne peuvent arriver sans être accompagnés de dangers, ni finir sans avantage pour le genre humain. Elle a été comme une inondation dont les ravages laissent après elle la marque de la hauteur à laquelle ses eaux se sont élevées ; comme un tremblement de terre qui met à découvert une mine entière ; comme une comète dont la marche à travers le ciel, en répandant la terreur, excite néanmoins la curiosité des astronomes et satisfait leurs calculs.

Quand la révolution française a commencé, la majorité des hommes de bien se réjouissait de ses premières mesures, les plus absurdes et les plus pernicieuses. A bas la noblesse! Tel fut le premier cri du tiers-état, et ce cri retentit jusqu'ici. Le premier vœu exprimé fut celui de la fusion des trois ordres, ou, pour parler plus vrai, on ne voulut plus dès ce moment que la démocratie. A bas les prêtres! Tel fut le cri qui suivit le premier. Trop long temps, disait-on, les abus ont été tolérés, trop long-temps ont été attendues les réformes, nous ne saurions donc trop tôt réformer. Aussi voit-on alors se succéder rapidement les mesures les plus décisives; les immenses propriétés du clergé confisquées, par le simple vote d'une majorité, au profit de la nation, comme lui ayant été dérobées; la noblesse annulée dans une seule séance du soir; et, par une crise d'extravagance, tout est voté par acclamation et sans raisonner. Le peuple souverain des faubourgs Saint-Antoine et Saint-Marceau commence à entrer en action. La Bastille redoutable s'ébranle et est enlevée d'assaut dans un siége de quelques heures; la liberté célèbre son triomphe et foule, en se réjouissant, le terrain où naguère s'élevaient les palais de ses tyrans, et dont les ruines sont déjà ensevelies sous le sol. Tout est aplani, tous les obstacles sont levés, chacun est libre, tous sont égaux; ceux qui ont conquis la liberté au prix de leur sang sont prêts à le verser encore pour la défendre. Où étaient ses amis cependant? A l'armée, on les voyait brandissant leurs piques. Où se trouvaient ses ennemis? Là, en haut de ces piques, où figurent leurs têtes sanglantes. Dès lors, sans doute, le danger est passé, la victoire est gagnée, les Français sont libres, et tout garantit leur liberté.

Les démocrates les plus fameux répondirent à ces questions avec la plus imperturbable assurance. De ce moment aussi, le peuple sembla seul posséder le pouvoir illimité et sans contrôle.

Quelque contradictoire que cela paraisse d'abord, l'histoire est là pour nous apprendre que de tout pouvoir arbitraire, qu'il soit placé dans la main d'un seul, ou qu'il émane du flot populaire, naît inévitablement la tyrannie. C'est ce qui arriva bientôt en France. Or, une multitude stupide autant que féroce, et doublement indigne d'être libre, peut bien jouer le rôle de tyran pendant le temps nécessaire pour forger un sceptre de fer et le placer dans ses mains, mais elle ne saurait le conserver long-temps, car elle s'en frappe elle-même; et pour parler moins métaphoriquement, là où 1 n'y a point de terme au pouvoir de la multitude, il n'y a pas de commencement de liberté possible.

Examinez les transactions de la France depuis 1789, et vous reconnaîtrez qu'il n'existe pas de pays avec lequel la liberté soit plus incompatible. Vous l'y verrez tour à tour enlevée, rétablie, détruite; et toujours, dès qu'elle y apparaît un moment, la licence populaire commencer à triompher.

L'ancien gouvernement de France était mauvais, sans doute, mais le nouvel ordre de choses est mille fois pire. Quelques personnes disent que l'excès de liberté en est la seule cause, qu'il y a eu trop de bonnes choses faites. La vérité est qu'il n'y eut aucune liberté; et tout au plus, dès le principe, un faible espoir de l'obtenir. En effet, qui jouissait de cette liberté? Certes, ce n'étaient ni le roi, ni les nobles, ni les prêtres, ni les ministres du roi, puisque tous étaient arrêtés, enfermés, maltraités depuis le 14 juillet 1789. Ce n'étaient pas les riches, ils étaient proscrits et dépouillés de leurs biens. Ce n'étaient pas ces guerriers illustres qui avaient acquis tant de gloire dans la guerre de l'Amérique, ils étaient tous enchaînés. Ce n'étaient pas davantage les cultivateurs, dont les fils et la récolte étaient saisis par la réquisition. Moins encore les commerçans : ils étaient ruinés sans retour, et à ce point, qu'il n'y avait plus de commerce. S'il restait quelques traces de ce qu'ils avaient été, elles étaient inscrites sur leurs tombeaux à Lyon et à Nantes.

Cependant, disent les démocrates, la majorité du peuple était libre, son pain assuré. Oui, mais quel pain ! Celui du soldat, que le peuple armé obtenait comme faisant partie de cette garde nationale organisée pour maintenir, par le pillage et le crime, la plus infâme tyrannie. D'ailleurs, ce n'était pas assez pour ces maîtres odieux du jour de faire gagner ainsi un pain noir à cette troupe de soldats improvisés ; car, dès qu'elle commença à se lasser du rôle qu'on lui faisait remplir, on vit accourir pour la détruire à son tour, en la traquant jusque dans les rues, une bande d'assassins plus déterminés, plus horribles que ce qu'on avait encore vu. On a répété souvent que la monarchie avait été soutenue en France par l'armée : c'est une grave erreur. Il suffira, pour prouver le contraire, de dire, qu'au premier moment, les chefs de la révolution craignant les forces de cette armée, s'étaient empressés d'en créer une autre de leur côté, et qu'au moyen d'un simple vote qui élevait la paye des soldats, ils eurent bientôt ceux du roi dans leurs rangs, et que pour augmenter encore cette force militaire, ils enrôlèrent toute la canaille des villes en garde nationale. La France entière se trouva ainsi gouvernée par la force, obéissant à de nouveaux chefs; et, de ce moment, le peuple fut véritablement soumis au despotisme militaire.

Il serait curieux d'entendre dire à ces déclamateurs démocrates que la *loi martiale* était la liberté; et comme depuis juillet 1789 il ne s'est pas écoulé une heure dans laquelle on pût réellement dire qu'il existait des lois, si ce n'est celles que les tyrans du jour jugeaient utile à leurs passions de maintenir, il ne serait pas moins curieux d'entendre ces déclamateurs nous dire maintenant ce qu'ils purent faire alors, pourquoi ils proclamèrent le triomphe de la liberté française, et d'entendre les descendans des jacobins nous expliquer pourquoi ils ont célébré leur glorieux anniversaire du 14 juillet.

La nature d'une telle liberté mérite un examen particulier.

Les gens d'autre opinion accusent les Français d'avoir, à cette époque, perdu leur liberté. C'est à tort : jamais ils n'en ont eu. Dans l'ancien gouvernement, il n'en existait certes pas, et la violence qui l'a renversé n'en avait pas plus le caractère. Incontestablement, en effet, les chefs de la révolution étaient déjà de fait plus rois que les Bourbons; et c'était une nécessité, car la populace a besoin d'un maître, et dès qu'elle s'émeut, il arrive inévitablement que c'est de tous ses chefs le plus despote qui s'empare d'elle et la dirige. Cette nécessité est d'ailleurs pour elle une loi de salut du moins momentané, car si une seule main ne venait imprimer une direction unique à cette foule tremblante et imbécile, bientôt elle se détruirait elle-même. Pour abattre la monarchie, il fallait donc en appeler non au peuple, mais à la force pensante. Or, dans ces temps de violence, dans quelles mains se concentre la liberté ? Uniquement dans celles du chef. Chacun dès lors arrive à reconnaître que le moyen le plus sûr de mettre sa liberté à l'abri de la tyrannie populaire, est de la placer sous l'égide de ce chef, autrement dit de la lui aliéner.

Mais, avant que l'on en fût encore venu là en France, le peuple, sous une direction ou par une impulsion qu'il ne connaissait même pas, restait le maître et, pour conserver sa puissance, il s'armait. L'armée qui n'avait été, en réalité, que de 20,000 hommes, fut bientôt portée à un demi-million. Chacun s'enrôlant, il devait en résulter la ruine du commerce et des manufactures, faute de bras. En peu de temps, la France, dans la détresse, fut remplie de terreur, de pillages et de massacres. Pourtant alors, sous la tyrannie du crime, ce fut une mode, un mot d'ordre, d'appeler la France du nom de nation libre ; elle-même y crut, oubliant que la loi martiale restait comme un glaive, suspendu sur toutes les têtes, menaçant quiconque osait résister ou se plaindre.

La monarchie avait encore, pour la servir, les débris de sa force militaire ; mais celle des patriotes, triple de celle-là, fut employée à répandre la terreur parmi ceux qu'ils appelaient contre-révolutionnaires ; à contraindre à l'exil un million de nobles, de prêtres et de familles riches. Tous ceux qu'ils haïssaient, qu'ils craignaient, ou dont ils convoitaient les biens, étaient placés sur une fatale liste de proscription. Jamais aucun roi de France, depuis la première race jusqu'au dernier des Bourbons, n'avait exercé le pouvoir despotique avec autant de rigueur et de cruauté. Si les Français étaient esclaves sous leurs rois, au moins ces princes n'aggravaient pas le poids de leurs chaînes. Le peuple était souvent épargné, car c'était une propriété pour eux, et ils avaient intérêt à conserver sa vie et son affection, et non à augmenter sa misère. Sous la république française, nul n'osait parler de ses griefs, sans craindre de s'adresser à un délateur ; tous, placés sous la hache de leurs usurpateurs et privés même du droit de plaint, étaient contraints de supporter leur sort.

C'est cependant ce dernier période de la dégradation et de la honte d'une nation, qui a été célébré comme un triomphe !

Sous le règne des rois, les lois gouvernaient, du moins autant que pouvaient le permettre leur tranquillité et leur repos. Quand ils employèrent la force pour se saisir de quelques membres du parlement de Paris et les emprisonner pour avoir osé résister à leurs édits, la fermentation que cette mesure occasiona dans la nation, les obligea bientôt à les relâcher. Les rigueurs du despotisme trouvaient ainsi, dans l'opinion publique, une force qui arrêtait ses actes. Depuis la révolution, au contraire, les passions populaires ont été invariablement excitées et employées à fournir des armes aux tyrans, jamais pour les ôter de leurs mains ; à poursuivre de nouvelles victimes et à inventer de nouveaux tourmens.

Cet état est la conséquence naturelle des choses ; on ne peut jouir amplement et sans restriction de la liberté : il faut qu'elle soit resserrée entre de justes bornes, qui servent de barrière à la violence.

Le premier acte d'une révolution est de montrer les limites et les réserves comme autant d'abus et d'injustices, et de porter la multitude à les renverser. En un mot, une révolution place une arme dans les mains de l'assassin, et met à découvert la poitrine de l'innocent! Exaltant les passions et la rage populaires, elle commence par leur faire violer les saints autels, souiller les marches du trône, et les amène à se ruer contre les remparts d'une Bastille. Une populace ainsi exaltée peut être propre à faire une armée, mais non une république. Devant un ennemi l'on peut exercer sa force, et la victoire ne paraît réelle que quand le butin est valable, ou que la vengeance a pu exercer toute sa cruauté. Mais, bientôt, la discorde se jette dans les rangs; chaque soldat se transforme en délateur de son compagnon d'armes, tous en agens sanguinaires de factions qui toutes ont le même but : réduire à l'esclavage la faction opposée. Dès lors plus de butin sur l'ennemi commun; dès lors le sang répandu n'est plus le sien, mais celui des concitoyens; dès lors, au lieu du triomphe de la liberté, le triomphe de la plus exécrable de toutes les tyrannies, celle des passions et de la discorde.

Ce n'est point parce qu'elle n'a pas soulevé une aversion générale, parce que la guerre civile n'a pas créé nombre d'infortunes, que la guerre civile n'a pas complétement ruiné le pays; mais c'est que le despotisme, qui augmentait journellement le nombre de ses victimes, avait aussi le soin de désarmer le reste, attirant ainsi à lui tout le pouvoir et décourageant toute espèce de résistance. Il est sûr que le seul pouvoir d'un état est celui de l'épée, et tant que l'armée obéit à son chef, la nation doit obéir à l'armée. C'est là une des causes qui ont fait que la guerre civile n'a pas tout détruit en France. Le peuple n'était rien, et aucun parti parmi le peuple ne pouvait réunir une force suffisante pour résister aux tyrans de Paris. Ainsi, la France paraissait tranquille dans son esclavage, et se voyait forcée à célébrer des fêtes en l'honneur d'une liberté qu'elle n'avait pas. Les tyrans ont souvent changé : la tyrannie est toujours restée la même, a toujours procédé de même. Une force armée est l'appui d'un gouvernement libre, qui peut la rendre inoffensive et subordonnée au pouvoir civil; un état despotique ne le peut jamais.

Les prétendus chefs républicains, comme ils affectent de se nommer, et les chefs des jacobins de ce pays-ci, comme on les nomme, ne sont que les imitateurs des Français : ils ont le même jargon populaire et s'adressent à la même portion violente et vicieuse de la population. Déjà nos Condorcet, nos Roland sont en faveur, et il est facile de reconnaître que leurs notions, en fait de liberté, ne sont pas meilleures que celles des Français; que si nous venions à nous laisser séduire par les théories de cette coterie, soi-disant populaire, et à nous laisser conduire par elle, la perte de notre liberté serait d'abord le premier résultat de notre aveuglement, et bientôt nous verrions ces philanthropes utopistes, transformés en tyrans, s'emparer de toutes les propriétés qui pourraient tenter leur cupidité, et violer tous les droits qui s'opposeraient à leur rage.

Les démocrates croient, du plus au moins, qu'une révolution conduit à la liberté; regardent tout gouvernement comme peu important pour le peuple et souvent même comme un obstacle à l'exercice de ses droits. C'est précisément parce que la France a commencé un révolution en renversant tout ce qui était gouvernement, qu'ils se réjouissent ici, parce que, disent-ils, c'est ainsi que cette nation est devenue la plus grande du monde. Sans doute les ignorans en France pensent de même; mais il est déplorable de voir les gens les plus éclairés de notre pays tomber dans la même erreur.

Il est donc important de rétablir attentivement l'histoire de cette révolution, pour en tirer quelques conclusions utiles à nos compatriotes.

Le mécontentement des masses amène nécessairement une résistance de la part du pouvoir.

Au moment où la puissance matérielle du peuple est ainsi employée à résister, le peuple même n'est plus rien : il ne peut que détruire, et non gouverner ; il ne peut agir sans chefs, ni avoir des chefs conservateurs de ses droits ; il n'est plus qu'un instrument aveugle dans les mains des ambitieux, et n'agit que d'après l'impulsion qu'on lui donne. Chaque individu isolément est sans pouvoirs ; mais le chef étant investi de ceux d'un grand nombre, peut s'opposer à toute manifestation de mécontentement contre lui se présentant sous la forme d'émeute, et la réprimer ; car les émeutes, produits inévitables des révolutions qui commencent d'abord par une force irrégulière, deviennent bientôt une véritable armée. Toutefois, les individus composant cette masse opposante ne sont que les instrumens de chefs qui les poussent en avant ; et le pouvoir d'une réunion armée devant nécessairement être confié à un seul, celui-ci, abusant de la position que les circonstances lui ont faite, ne tarde point à tourner le but auquel croyaient tendre ceux qui agissaient sous ses ordres, et devient le seul despote de l'état.

C'est de cette manière que tout est arrivé en France, d'une manière précisément opposée aux ridicules espérances des démocrates ; car il ne pouvait, en réalité, en être autrement : c'était une loi de la nature des choses, une nécessité dont l'histoire offre en tout temps l'évidence. Si cette évidence pouvait frapper nos compatriotes et les guérir de leur étrange et peut-être fatale propension aux principes révolutionnaires, et les amener à préférer les principes conservateurs aux principes destructeurs, alors nous aurions profité de l'exemple des autres et nous n'en serions que plus sages; alors nos politiques du jour ne penseraient plus à se faire les serviles imitateurs des Rolland, des Danton et des Robespierre.

Il est bon de faire observer d'ailleurs que, de tous les changemens, aucun ne conduit à la liberté. Un nouvel événement révolutionnaire, différent peut-être en la forme, mais toujours semblable, quant au fond, à ceux qui l'ont précédé, finit toujours par donner, par la violence, le sceptre au plus violent. Les chefs de ces mouvemens, qui n'ont jamais d'autre but que d'arriver au pouvoir, ne peuvent penser, pour être conséquens avec eux-mêmes, à diminuer le pouvoir qu'ils ambitionnent. Leurs efforts pour maintenir le pouvoir ne peuvent avoir pour tendance de l'abandonner au premier aventurier, au premier soldat ambitieux qui le convoiterait. De tels êtres, en effet, sont indignes de la liberté, et s'ils s'en étaient rendus maîtres, ils ne tarderaient pas à la laisser envahir par un autre démagogue qui, en peu de temps, aurait une autre armée, un autre despotisme aussi difficile à renverser que celui qu'il remplacerait.

Dans les gouvernemens révolutionnaires, essentiellement militaires par la seule force des choses, des chefs ne pourraient, alors qu'ils le voudraient, songer à élargir les bases de la liberté, qu'ils sont censés conserver. Toute la question de leur vitalité est de savoir, quand le besoin d'un changement de chef se fait sentir, quel est celui qui succédera à un autre, comme préposé à la conservation de cette prétendue liberté. De cette sorte, le pouvoir militaire se continue et est susceptible, au milieu de tous ces changemens de chefs, d'avoir une longue existence; Rome, Constantinople, Alger en sont des exemples : la France peut en être un autre. Mais, pour cela, la liberté n'a point fait un pas en avant : elle en a fait de nombreux en arrière, car les esprits, les mœurs se sont pliés à l'habitude du joug du sabre.

En nous résumant donc, nous dirons que toutes tentatives, pour établir l'égalité parmi les peuples, ont toujours un résultat contraire à celui proposé; qu'elles ont invariablement une tendance inévitable vers le despotisme militaire qui, par les secousses qu'occasione chacun des fréquens changemens de chefs, ne fait que fatiguer les populations sans rien changer à leur sort. Un tel gouvernement qui rend la liberté aussi impossible, doit être bien peu désirable, surtout quand on envisage combien de victimes il en coûte pour l'établir!

CHAPITRE III.

Que les efforts vigoureux de l'autorité légale sont à peine
suffisans pour réprimer les effets de la trahison.

—

On a souvent vu le renversement d'un plan de
politique nationale et permanente dépendre de
l'ambition désespérée d'hommes les moins recommandables de la communauté, de la convenance
de quelques banqueroutiers, ou de celle de quelques niais qui ont dissipé leur fortune et engagé
leurs biens, des sophismes de quelques fous plus
ou moins habiles, des préjugés et des caprices de
quelques ignorans et de l'enthousiasme d'une
foule de politiques de tavernes, qui, n'ayant rien
à perdre, ont toujours à gagner dans tout bouleversement.

Cependant, après les secousses révolutionnaires, les pouvoirs de l'état tombent dans les
mains de tels hommes que l'on voit enfanter, coup
sur coup, des lois d'égoïsme et de passion, qui
toutes ont pour but bien moins l'intérêt général
que l'intérêt personnel de ces vils législateurs.

Et pourtant l'on voit les partisans déclarés, et
même les instrumens d'un tel ordre de choses,
parvenir à usurper dans la société une certaine
influence que la capacité et la propriété devraient
seules procurer à des hommes plus recommandables.

Que de motifs néanmoins pour refuser obéissance à un semblable gouvernement! Et dans
quelle alternative ne se trouve-t il point placé par
le fait seul de son existence! En effet, que si les
hommes de bien, les citoyens énergiques, lisant
leur ruine dans ce gouvernement, se soulèvent
contre lui, s'ils restent impunis, cette impunité
augmente le nombre des rebelles, et bientôt ils
sont assez forts pour renverser le nouveau pouvoir;
que si, pour couper court à la révolte, ce pouvoir emploie, comme il le fera, les actes de rigueur, alors le sang des hommes honorables cou-
lera; ou bien que ceux-ci se résignent à leur ruine
pour éviter l'échafaud, alors ce n'est plus qu'un
peuple d'esclaves et de muets courbés sous la terreur. Or, dans l'une et l'autre de ces alterna-

tives, un tel régime ne peut durer long-temps.

Beaucoup de personnes du peuple ont été trompées sous le prétexte de redresser leurs griefs ; mais elles savent très-bien que le moyen de réparation auquel on les avait fait penser est un acte de trahison ; et si elles ont osé y recourir , c'est qu'elles espéraient que le gouvernement n'aurait ni assez de pouvoir ni assez d'énergie pour les en punir.

Il semble donc que le moment, et peut-être le seul convenable, est venu de raviver de justes idées sur le degré de criminalité et les dangers de la trahison ; que le moment est venu *pour notre gouvernement de gouverner ; pour nos gouvernans de venger la majesté violée d'une république libre , et de convaincre les avocats de la démocratie que la constitution peut encore être défendue et qu'elle vaut bien la peine de l'être ; que le suprême pouvoir repose réellement entre les mains des représentans légaux du peuple ; que l'on ne saurait souffrir plus long-temps que les conventions des provinces et les réunions turbulentes d'hommes armés s'érigent en législateurs et forment ainsi un* imperium in imperio *; et qu'enfin la protection du gouvernement sera encore efficacement étendue à chaque citoyen de la république* (1).

(1) Les phrases souslignées sont de l'auteur, et non de l'é-

Dans un gouvernement libre, la réalité des griefs ne peut justifier la rébellion. Aussi nous devons espérer que nos gouvernans agiront avec sagesse et dignité, qu'ils se rendront à la raison en toute chose, et repousseront tout ce qui sera présenté sous la forme de la force; qu'ils ne considéreront pas les charges imposées à chacun comme un motif de grief, le devoir du peuple étant de les supporter; mais aussi que si ces charges sont trop fortes pour être supportables, ils sauront les alléger, *mais que jamais ils ne s'abaisseront à l'injustice ni au vil moyen d'acheter le droit de maintenir leur autorité en sacrifiant une partie de la communauté à l'ignorance et à la bassesse des mécontens.*

Il est très-convenable, pour agir avec conséquence, que l'on publie des proclamations fulminantes contre la haute trahison, c'est-à-dire qu'il faut employer les moyens préventifs pour ne pas en laisser venir à ce point où l'on aurait à recourir aux correctifs, car alors il serait déjà trop tard pour se borner aux paroles; et celui qui espérerait alors disperser une émeute d'un millier d'individus au moyen de dix mille argu-

diteur : et il est remarquable que leur ton emphatique ne s'applique pas exactement comme le voulait Fisher Ames quand il écrivait.

mens, prouverait qu'il n'a jamais vu une insurrection. J'ai entendu dire que les hommes ne peuvent être raisonnés et ramenés à une opinion
qu'ils n'ont pas raisonnée eux-mêmes. Cet axiome,
tout important qu'il peut être, me paraît néanmoins fort simple. La force et l'existence d'un
gouvernement ne consistent pas dans l'art de faire
des prosélytes à la raison ou de faire des compromis avec les hommes, mais bien dans le pouvoir
de commander l'obéissance aux individus. S'il
n'en était pas ainsi, quel est celui qui recher-
cherait sa protection ou craindrait sa vengeance ?
Un gouvernement peut offrir des argumens excellens, et néanmoins perdre sa constitution.

On a dit que l'opposition devait s'abstenir d'a-
gir, à moins que l'occasion ne s'en présentât,
pourvu que la dette publique fût abolie, ou que
le gouvernement prît un mesure équivalente.

Ceci fait naître naturellement deux questions :
nos gouvernans doivent-ils adopter une mesure ?
S'ils l'adoptent, cela rendra-t-il au gouvernement
son énergie et sauvera-t-il la constitution ?

Quant à cette première question, quel est,
parmi les honnêtes gens, celui qui pourrait y
donner son assentiment ? Existe-t-il un homme
tellement taré, tellement endurci contre la honte
et dénué de conscience pour vouloir consentir à
paraître seul à la tête de cette mesure ? Il faut

espérer que le temps n'est pas encore arrivé où l'on trouvera que le gouvernement d'un peuple libre est pis encore que le plus mauvais de ses citoyens.

Si cependant le gouvernement venait à penser qu'une mesure réprouvée par la morale est admissible en politique, et qu'il est nécessaire de faire le sacrifice de ses amis et de ses partisans pour obtenir l'assentiment de ses ennemis; ces ennemis, ayant savouré la douceur de conduire à leur gré le gouvernement, viendraient-ils déjouer leurs propres tentatives, sachant qu'il ne reste plus à l'État que l'apparence d'autorité suffisante pour infliger des punitions et imposer des taxes, puisque cette autorité n'aurait plus rien de redoutable, dénuée qu'elle se trouverait de l'appui des hommes naguère disposés à la soutenir, leurs droits ayant été déjà compromis?

La lâcheté et l'injustice peuvent-elles jamais sauver un État? Un homme peut-il, en abandonnant une partie de ses droits les plus justes, parce qu'il n'a pas le courage de les conserver, sauver encore ce qui lui en reste? L'insolence de l'agresseur est ordinairement proportionnée à la timidité de celui qu'il attaque. Chaque homme peut venir dire aux gouvernans : « Je fais partie » du contrat constitutionnel; j'ai promis l'obéis- » sance et j'ai droit de réclamer protection pour

» ma personne comme pour ma propriété. Je suis
» tout prêt à risquer l'une et l'autre pour votre
» défense ; mais je puis faire mes conditions, et,
» si elles sont violées, chercher leur interpréta-
» tion et leur redressement devant les tribunaux.
» Jamais je ne vous ai autorisé à y porter at-
» teinte : si vous le faites, c'est une erreur. Ni
» vous, ni aucun individu ne pouvez élever cette
» prétention. Je proteste solennellement contre
» tout transfert de ma propriété à mon débiteur
» sans ma participation. Toute espèce d'acte qui
» en constituerait l'aliénation et la confiscation est
» une atteinte au contrat par le moyen duquel
» j'espérais obtenir protection. Si vous me dites
» que le peuple souffre et a besoin, je vous de-
» manderai si le moyen de secours que vous lui
» proposez est moins alarmant? Secourez le mal-
» heur de vos propres fonds, exercez vos vertus
» de charité et de compassion à vos propres dé-
» pens, comme je le fais moi-même..... Dois-je
» perdre ma propriété et être mis dans le besoin
» pour secourir ceux que je ne connais pas, et
» qui sont à mes yeux indignes de compassion
» s'ils acceptent un secours aussi inconvenant et
» aussi injuste? Si vos vertus vous portent à m'op-
» primer, que pourrai-je donc attendre de vos
» vices? Si vous souffrez que ma vie soit à la merci
» de la populace, et si vous faites dépendre de

» son avis la conservation de ma propriété, alors
» rendez-moi le pouvoir auquel j'ai renoncé quand
» je suis devenu citoyen : ce pouvoir est de dé-
» fendre personnellement mes droits et de me
» venger des injures qui me sont faites.

» Mais si la constitution doit tomber, sachons
» remplir notre devoir en cherchant à la défen-
» dre. Ne donnons pas à nos ennemis un triomphe
» et à l'histoire le droit de dire un jour :

» *Qu'elle a été établie avec trop de sagesse pour*
» *être bien appréciée, et qu'elle exige trop de vertus*
» *de la part de ses membres pour être maintenue.* »

(Écrit en 1786, à l'occasion de la rébellion de
Shay.)

———

L'expérience, qui rend les hommes individuellement sages, fait quelquefois bien du mal
au public pris en masse. Jugeant par ses propres
sensations, il accuse souvent le gouvernement
des événemens désastreux qui arrivent; et, dans
l'ardeur de son désir de vengeance, les leçons
précieuses de l'adversité se trouvent perdues.

C'est au politique, à l'homme supérieur seulement qu'est réservé le droit de tirer de ces événemens de justes maximes politiques pour le bien à venir du genre humain ; c'est au genre humain à conserver les fausses maximes en entretenant ses erreurs et nourrissant ses fantômes avec une même ignorance et une même ardeur jusqu'à la fin du monde. Cet axiome est tellement démontré aujourd'hui, qu'il n'a plus besoin d'aucune preuve.

Mais l'attention publique est en ce moment éveillée, et nous sommes au moment de porter le peuple à renoncer à ses erreurs, en lui représentant celles qui l'ont dirigé ; de placer sa confiance dans le gouvernement et dans la stabilité et l'énergie de la constitution, afin de réunir dans un sentiment patriotique ce qui est indispensablement nécessaire à la prospérité générale et à l'existence du gouvernement, de manière à ce qu'il puisse tenir les rênes d'une main ferme, et que les faux moyens de palliatifs et de demi-mesures, que les factions ignorantes imaginent toujours, soient totalement abandonnés.

La politique a produit des enthousiastes aussi bien que la religion, et ils peuvent reconnaître leur modèle de perfection dans les théories de notre constitution. Pour les rêveurs spéculatifs, le gouvernement est un fantôme ; et pour l'approuver, il leur a fallu rechercher des motifs dans leur cerveau exalté. Les illuminés en se le représentant, pour employer leur langage mystique, ont trempé leur pinceau dans l'arc-en-ciel, et par ce moyen l'ont peint comme l'image d'une félicité parfaite, telle qu'ils n'ont pas eu assez d'emphase pour l'admirer. En l'envisageant comme eux, ce serait le cas de dire que la vertu est sortie de son donjon, où les prêtres et les tyrans l'avaient enfermée ; que la science est descendue des cieux pour l'accompagner ; il faudrait enfin parler de faire revivre l'âge d'or. Telles seraient les merveilleuses prémices d'un compromis politique !

Mais ici nous abandonnent nos héros. Quittant les sublimes théories, pour venir administrer le gouvernement, ils retombèrent à plat sur le positif de ce monde. Là ils virent que leur plan si admiré de la liberté des élections avait produit une représentation d'électeurs beaucoup trop fidèle ; que quelque chose de plus, ou peut-être bien quelque chose de pire que la sagesse et l'intégrité publique, se trouvait représenté. Ils entendirent souvent le fracas des clameurs populaires, proclamant odieux ce qui est juste, sacré ce qui est mal.

Il savaient très-bien que les lois sont au dessus de tout, et que la politique ne doit pas avoir de passions. Cependant ils s'aperçurent bientôt que les législateurs eux-mêmes sont souvent en faute, et qu'ils sont soumis à l'empire de la crainte et des passions comme aux préjugés ignorans de leurs commettans. Ils espéraient avoir un gouvernement d'après les lois et non selon les hommes , et ils éprouvèrent le cruel désenchantement de reconnaître que non seulement la volonté du peuple est fréquemment consultée , mais encore que souvent elle fait autorité auprès de la législature. Ils espéraient que le pouvoir suprême serait omnipotent pour les intérêts légaux , mais ils se laissèrent aller au désespoir quand ils reconnurent que non seulement des individus , mais des sociétés , des conventions étrangères à la constitution, avaient la prétention de revoir et révisaient en effet les actes de la législation.

Nous ne pouvons sans terreur jeter les yeux sur les dangers auxquels nous avons échappé. Notre pays a été sur le bord du précipice. Les liens de l'Union générale, divisée par les factions , ont été rompus; chaque parti réclamant l'autorité et refusant l'obéissance, toutes les espérances de sécurité, excepté une seule, se sont évanouies ; et encore celle que l'on a pu conserver a dépendu de la prudence et de la fermeté de nos gouvernans. Heureusement ils ont été exempts de cette contagion frénétique du temps; ils ont fait leur devoir et se sont montrés les gardiens de la liberté ainsi que du pouvoir. Mais il reste encore beaucoup à faire; la sédition, pour être intimidée, n'est pas pour cela désarmée.

Cette crise demande toute la prudence et toute l'énergie du gouvernement, car tout homme de sens doit reconnaître que nos troubles proviennent plutôt d'un relâchement de pouvoir que de l'abus qu'on en aurait fait; de l'annihilation de l'autorité de notre gouvernement; du caractère faible et temporisant de notre politique, et de l'étonnant enthousiasme de la part du peuple pour le renversement de tous les principes. Cet enthousiasme frénétique a été tel, qu'il n'est nullement surprenant que des commotions aient été excitées, qu'il est même étrange que, dans des circonstances pareilles à celles par lesquelles nous avons passé, ces commotions n'aient pas eu lieu plus tôt et ne se soient pas terminées d'une manière plus fatale; car, il faut le dire, un gouvernement faible produit plus de factions que le plus oppressif. Le besoin de pouvoir transforme d'abord les individus en législateurs, et bientôt après en rebelles. C'est en grand l'histoire des familles, dans lesquelles les enfans manquent de soumission envers leurs pères, quand ceux-ci ne savent pas la leur imposer.

Il est impossible d'avancer dans cette direction; le chemin se divise en deux branches : la pre-

mière nous conduirait d'abord à l'anarchie, ensuite à la tyrannie domestique, et tout aussitôt à
celle de l'étranger ; l'autre, par l'emploi sage et
vigoureux d'une autorité légale, nous amenerait
à une stabilité indispensable de pouvoir et à une
prospérité générale.

Loin de moi d'être l'avocat du despotisme ;
mais je crois bien moins à la possibilité de son
introduction, par suite de la corruption de nos
gouvernans, que par les illusions dangereuses du
peuple. L'expérience prouve que de nouvelles
maximes d'administration sont aujourd'hui indispensables. Mais ce n'est pas en effectuant une
diminution dans le prix de la main d'œuvre des
journaliers, ce n'est pas en entravant des classes
d'hommes dans leurs professions, ce n'est pas en
donnant une existence éphémère à toutes les spéculations fantastiques, ce n'est pas non plus en
créant un papier-monnaie pour nos dettes ; c'est
bien moins encore en se soumettant à l'insolence
des conventions ou en employant des demi-mesures que l'autorité pourra devenir stable et le
peuple heureux. Un système de politique libé-
ral et bien combiné est nécessaire ; et si une fois
il est adopté, il faut avoir la force de le soutenir
contre les passions et contre toute force opposante, excepté contre d'utiles amendemens.

L'auteur de cette note rappelle à ses concitoyens que le sort de notre république dépend de leur concours. Si nous faisons un bon usage de tous les avantages que, nonobstant la malveillance, l'expérience nous a accordés, notre gouvernement alors sera stable. C'est la marée qui, dans ses pleines eaux, doit nous mener au bonheur! si nous la manquons, notre ruine est infaillible. Ce serait en vain que nous attendrions le repos pour l'avenir de cette conviction que le gouvernement est nécessaire, et que la trahison est un crime. Inutilement nous nous reposerions sur cette vertu qui, dit-on, doit soutenir la république. C'est un véritable non-sens de la philosophie que l'expérience réprouve journellement. Il est encore plus absurde d'espérer prévenir les commotions politiques en rendant les lois conformes aux vœux du peuple, de manière à ce que les factions n'aient pas à se plaindre, et que la folie n'ait rien à demander.

Il existe dans la nature, et cela doit être aussi dans l'administration du gouvernement, une règle fixe pouvant servir d'exemple à la politique : le bonheur permanent du plus grand nombre d'individus. Si nous substituons à cette maxime les projets étrangers qui fascinent journellement les yeux de la multitude, nous pouvons sans doute nous faire illusion; mais l'échafaudage de nos utopies sera comme un édifice d'architecture splendide que bâtirait notre imagination, mais qui, construit de glace, s'affaisserait sous le premier souffle qu'exhalerait le gouffre brûlant de la sédition.

L'anarchie ou un gouvernement régulier sont également à notre choix. Si nous tombons, ce sera par notre propre faute et non par l'effet du sort; et nous servirons alors à montrer au monde étonné combien peu les dons les plus précieux du ciel ont d'influence sur la prospérité nationale. Un climat heureux, un sol fertile, des lois inestimables, tous les biens ont été conférés à notre nation; mais, peuple frivole, ingrat et pervers, il n'a pas su y trouver les élémens du bonheur.

(Cette note a été écrite en 1787, après la répression de l'insurrection de Shay, et avant l'établissement du système fédéral.)

CHAPITRE IV.

DU CARACTÈRE DU JACOBINISME.

Une faction veut la liberté ; elle la poursuit comme son om—
bre, mais cette ombre devient un jour une réalité.

—

Nous sommes appelés à soutenir un conflit
avec la faction, cet ennemi destiné à être le compagnon de la liberté, et qui finit par être son
assassin. Toutefois, nous devons espérer que nos
coups l'atteindront ; mais, quoique terrassée,
elle se relevera encore comme un nouvel Antée,
invulnérable et immortel.

Rien ne peut davantage prouver la folie des
jacobins, dans leurs prétentions à une vigilance

supérieure pour le peuple, que la tendance naturelle et réitérée de leur turbulence, pour ren-
forcer les pouvoirs du gouvernement. Il ne peut
être remédié aux dangers que les hommes créent,
qu'en déposant une nouvelle force dans les mains
des gouvernans, de manière à les mettre à même
de veiller pour nous. Les bons citoyens reconnaissent qu'ils doivent se soumettre aux lois les plus
sévères, parce que la licence et la méchanceté des
hommes mal intentionnés ne peuvent être réprimées autrement. Si les lois dont ils se plaignent
restreignent effectivement la liberté, comme ils
le prétendent, ce qui est néanmoins démenti
positivement, c'est leur propre méchanceté qui
en fournit le prétexte au gouvernement, en prêtant
à ces lois la couleur de la nécessité. Les gens
tranquilles et paisibles n'ont pas besoin de cette
rigueur des lois; mais, comme les jacobins sont
d'une tout autre disposition, il est clair que le
fruit de leur perversité doit être de diminuer la
liberté du peuple, alors même qu'ils ne réussi-
raient pas dans leurs projets. Dans le cas contraire,
le peuple serait, comme il l'a été en France, poussé
à une tyrannie bien plus horrible, bien plus
vindicative et bien plus odieuse que celle de
Tibère, de Néron, de Caligula ou de tout autre
despote qui ait jamais existé.

La rage d'un seul homme se fatigue d'elle-même par la répétition de l'outrage, ou bien on l'évite par l'artifice ou par la fuite. Rarement, d'ailleurs, elle s'adresse aux gens obscurs, et ils sont en grand nombre; mais elle va chercher les sommités. La démagogie, au contraire, est toujours l'instrument des hommes les plus pervertis, dans les temps de plus grande corruption et de plus grande violence. C'est un Briarée aux cent bras, dont chaque main tient un poignard; c'est un Cerbère, ouvrant à la fois cent gueules, qui toutes demandent du sang; c'est une tyrannie qui, pour n'être pas durable, n'en est pas moins destructive tant qu'elle dure. Le pouvoir d'un despote est semblable aux rayons ardens du soleil qui dessèche l'herbe, mais sans atteindre sa racine, qui reste fraîche sous la terre; un gouvernement de la populace est semblable à un ouragan des colonies, qui ne laisse sur la terre fécondante aucun de ses produits, et jaunit le ciel par son souffle empesté. Les hommes suffoquent en respirant cet air, ainsi qu'il arrive sous l'influence du *sirocco*, et meurent faute de respiration. C'est une malédiction qui enveloppe l'homme obscur, comme celui du plus haut rang, et s'étend partout en poursuivant ceux qui veulent lui échapper. Ce n'est pas rendre justice à l'esprit de licence que de le comparer à ces causes qui ravagent la terre; c'est pis encore, c'est un affreux tremblement de terre qui engloutit, dans ses entrailles, la richesse et la sagesse d'un siècle entier.

Ceux qui, après tant de calamités, entreprendront de reconstruire l'édifice public, pourront à peine trouver le modèle de ce qui existait ou celui de ses ruines. Des montagnes se sont abaissées et ont rempli des vallées fertiles, en les couvrant de roches et de gravier; des rivières ont changé leur lit; des villes populeuses se sont engouffrées, laissant d'horribles lacunes sur lesquelles on aperçoit, se traînant avec peine, quelques misérables restes d'êtres vivans, monumens et victimes du désespoir. Cette description est loin d'être exagérée. Voyez la France, cet enfer resté le lieu de l'agonie et du blasphème, fumant encore de tous les crimes et de toutes les souffrances, et qui, en nous montrant son état de tourmente, nous apprend quel sera le nôtre. Là, nous voyons la misère et la dégradation d'une nation qui a voulu avoir la liberté, et l'à bientôt laissé s'échapper; nous y avons vu des crimes si abominables que, tout en sachant qu'ils se sont perpétués, nous avons peine encore à les croire.

Si cependant le peuple véritable qui forme la nation, voulait se lever quand son propre gouvernement est en danger; s'il voulait se réunir et se rallier pour sa défense, peut-être pourrions-nous préserver notre excellent système de la perte de sa liberté; mais nous préservons tout, excepté notre tranquillité.

C'est toutefois une chose difficile, sinon impossible, de maintenir et d'exciter le zèle et l'ardeur pour la défense du gouvernement, au même point que les jacobins en sont animés pour sa subversion. Pour eux, le mouvement est naturel, pour nous ce n'est que le résultat d'efforts; à eux il en coûte davantage pour rester en repos, qu'à nous pour agir. Semblable à une machine, notre zèle est mû par une puissance motrice et arrêté par sa propre friction; tandis qu'eux, leur rage est une espèce de fièvre qu'il serait mortel d'arrêter; comme un tourbillon, elle entraîne tout.

Des efforts constans non seulement nous fatiguent, mais nous dégoûtent. Notre énergie, après avoir répandu une flamme brillante, s'amortit et s'éteint bientôt; mais les jacobins, pareils aux salamandres, peuvent vivre et respirer dans le feu. Comme les crapauds, ce qu'ils cherchent dans la terre, ce ne sont pas des alimens, mais les poisons qu'elle peut renfermer. Quand ils restent en repos, ils sont comme autant de serpens qui en hiver digèrent leurs venins, et ne reprennent le mouvement que pour les répandre partout.

Sans vouloir faire une digression en analysant le caractère des jacobins, il n'est pas moins certain que l'envie les dirige vers les personnes supérieures; que la cupidité leur fait convoiter le pouvoir politique; l'ambition, les moyens de puissance; soit que leur caractère résulte de la faiblesse de leur foi, ou que leur foi soit formulée d'après leurs actes perfides, il n'en est pas moins certain que chacun s'accorde à dire que tous sont mus par quelques préjugés ou par quelques fortes passions, ressorts principaux de leurs actions; qu'ils sont tellement aveuglés par l'égoïsme et le fanatisme, que tout ce qu'un homme a de pouvoir ordinaire et de force extraordinaire produite par l'enthousiasme, ils le dévouent également à la cause de l'anarchie. Chez eux, la haine du gouvernement devient une manie, une *dementia quo ad hoc*, et leur frayeur de toute espèce de pouvoir qui n'est pas le leur, ressemble à l'hydrophobie, dont nous ne pouvons assigner ni la nature ni les remèdes.

Tels sont les fanatiques que les amis de la constitution ont à combattre; et dans les temps ordinaires, qu'est-ce qui assurera leur zèle et la constance de leur opposition? Ce sera le véritable sentiment du devoir que quelques hommes à idées abstraites déduiront de principes justes; ce sera la prudence de quelques autres qu'effraiera la tendance des démocrates vers l'anarchie? Mais que sont, comme antagonistes contre le jacobi-

nisme, le simple sentiment du devoir et une prudence timorée ? Ils sont ce que l'instinct est
à l'activité de la passion ; ce que sont les feuilles
sèches au tourbillon qui les soulève ; ce qu'est le
poids de la poudre à canon à l'intensité de son ex-
plosion. De semblables hommes sont comme la
girouette qui montre d'où vient le vent, sans offrir d'abri contre sa violence. L'honnête et tranquille citoyen peut être comparé aux eaux dor-
mantes d'un lac, et les jacobins à la partie de ces
eaux qui s'échappe et tombe en cataracte. Les
premières, bien supérieures par leur masse, sont
sans force et ont à peine un mouvement suffisant pour que leur tranquillité soit troublée ; les
dernières s'élancent avec pétulance , écument et
se fraient un passage à travers les rochers. Pour
établir la balance, il faudrait donc communiquer
aux uns ce que les autres ont de surabondant en
énergie. Les esprits honnêtes acquerraient ainsi
du zèle et de l'énergie. La diversité d'opinions ,
toutes plus absurdes les unes que les autres, fait
souvent que tels approuvent plus ou moins les
desseins du jacobinisme , tout en craignant et
détestant ses agens.

Voulons-nous avoir un exemple de la logique
de cette secte de prosélytes ? On nous dit que les
jacobins sont d'honnêtes gens, *mais seulement
égarés*. Cependant leurs compagnons et leurs

associés d'iniquités donnent le droit de douter qu'ils resteront long-temps honnêtes gens. Si l'opinion portée contre ceux qui insistent à être appelés gens de bien, est trop forte et trop acerbe aujourd'hui, demain ou le jour suivant, ils auront mérité d'être dans cette catégorie par leur propension nouvelle à mettre à exécution des desseins devant lesquels ils reculaient hier. Ce n'est donc qu'anticiper de quelques jours que de leur donner aujourd'hui le caractère qui leur est propre. D'ailleurs il ne s'agit pas ici de quelques exceptions qui pourraient être faites parmi les hommes, il s'agit de présenter exactement le caractère vicieux et de donner la mesure exacte de l'infamie au cachet de laquelle ce parti est marqué.

Que les jacobins triomphent sans honte de leur caractère ou sans crainte de punition, et se complaisent dans le penchant de leurs mauvaises dispositions, c'est à vous, lecteur, à décider, si vous le pouvez, si les victimes des lois sont plus coupables que ceux qui les enfreignent.

On ne doit jamais oublier que l'opinion publique doit toujours accompagner un bon gouvernement. Il reste à savoir si son poids frappe convenablement sur les conspirateurs qui troublent la tranquillité et ne cherchent que le bouleversement.

L'homme qui, par suite de ses passions, de ses erreurs ou de la mauvaise compagnie qu'il fréquente, pense et croit que la liberté s'élevera à mesure que le gouvernement tombera, peut être moins criminel que celui qui lui a fait naître cette opinion; mais il n'en est pas moins devenu coupable. Si un fou venait à empoisonner une source parce que, dans son égarement, il penserait que tous ceux qui, devant en boire et en mourir iront droit au ciel, l'action n'en serait-elle pas moins criminelle? Laissera-t-on cet homme libre de ses actions? Ne devra-t-on pas prévenir tous ceux qui sont altérés et qui veulent boire de cette eau empoisonnée, qu'il y va de la mort? Serait-ce manquer aux devoirs que l'on doit à la société que de proclamer la folie de cet homme? C'est ainsi cependant que les écrivains qui s'élèvent contre les amis de la constitution, assument contre eux le mépris, qui est à peu près aujourd'hui la seule chose qui empêche les jacobins de commettre de nouveaux crimes; le mépris, qui fait que ceux qui peuvent être égarés sont honteux de se joindre à eux. Ces factieux ont l'adresse de dire que l'acharnement de leur conduite tient à l'espèce d'acrimonie avec laquelle on les traite; ainsi, d'après eux, ce seraient eux-mêmes qui auraient à se plaindre.

Non, il faut montrer cette secte comme formant

une troupe de monstres, et ne pas souffrir que la pitié diminue leurs crimes. L'homme coupable, mais timide et tremblant, peut être ramené par l'exemple; mais il faut qu'il sache que le mépris écrase de tout son poids le coupable qui entraîne les autres. Qu'ils viennent donc ceux-là qui ont été trompés, et qu'ils quittent le parti, autrement ils seront engouffrés dans la même infamie.

Il eût été possible, peut-être, de former un gouvernement moins libre et moins populaire; mais le peuple l'a voulu tel qu'il est, il doit en supporter les conséquences : c'est à lui de le soutenir, puisqu'il n'a ni le courage ni la force de résister seul sans le secours des gens honnêtes. C'est à l'époque des élections que l'on peut faire quelque chose; c'est là, si quelque part cela se peut, que la souveraineté de la nation doit s'exercer, et c'est là aussi que la lice est ouverte aux abus les plus crians comme les plus dangereux.

Toutefois, les jacobins savent très-bien qu'ils sont faibles en nombre, mais seulement forts de ruse et d'artifice. Ils ne prendront pas les armes en ce moment, car ce serait opposer leur faiblesse à notre force. C'est aux élections que les ruses et les mensonges peuvent être employés utilement pour eux; alors ils pourront opposer leur force à notre faiblesse, et nous ne saurions employer les mêmes ruses ni les mêmes impostures. Mais nous pouvons les alarmer en prenant nos mesures à l'avance, et en ranimant le zèle constitutionnel ; plus d'une fois déjà ce zèle a sauvé le pays. Le moment est venu de se montrer, car la faction ne pense qu'aux élections, et si elle obtenait seulement une minorité assez considérable, elle pourrait répandre le venin avec plus d'ardeur encore que si elle avait la majorité. Toujours, en effet, ce sont les minorités qui sont plus habiles et qui savent mieux presser leurs rangs. Un semblable poison répandu dans le corps législatif et y fermentant pendant une année, serait suffisant pour corrompre tout le reste de notre existence, de telle sorte que, l'année suivante, une majorité jacobine pourrait tout renverser jusqu'à ce que la propriété, la vraie liberté et le gouvernement lui-même cessassent d'exister. Amis de l'ordre, si vous ne voulez pas assister aux élections et y donner vos votes en faveur de la liberté, vous ne tarderez pas à être forcés de tirer l'épée pour soutenir cette cause !

Cette prophétie pourra paraître exagérée à quelques personnes, même superflue à quelques autres. On l'accusera d'être trop sévère parce que les jacobins doivent être, dit-on, traités avec plus de douceur et leurs desseins mieux compris. On dira même qu'elle est inutile, parce que le ciel est pur et sans nuages, et qu'il promet une continuité de beau temps. L'auteur de cet écrit pense que, comme toutes les factions, celle des jacobins est composée d'ambitieux qui trompent le peuple, et d'une foule imbécile de niais qui se laissent prendre pour dupes. Parmi ces derniers, il se trouve quelques hommes honnêtes et de bonne foi, qui méritent encore l'indulgence; mais s'ils restent plus long-temps dans leur parti et qu'ils continuent d'être associés avec les misérables qui le dirigent, ils ne pourront conserver leur honnêteté : bientôt ils seront corrompus à un tel point, qu'au moindre signal de la guerre civile et d'une révolution, ces dupes qui professent sincèrement la religion de leur parti, seront bientôt entraînées aux plus fâcheuses extrémités. Après avoir mis de côté toute espèce de devoir politique, ce qui restera de leurs principes de moralité, que les philosophes appelleront préjugés d'éducation, sera à peine suffisant pour prévenir le remords ou lui imposer silence.

Dans toutes les passions il existe des sophismes dont les plus hasardés savent toujours être les plus convaincans. C'est ainsi que nous voyons des hommes moraux qui, une fois engagés dans la carrière politique, deviennent exagérés, et ne peuvent se détacher de la société des prétendus patriotes, dont les principes monstrueux peuvent à peine expliquer les projets désespérés. Il est de notoriété que le but des jacobins, comme leurs menaces l'indiquent, est de détruire la Banque et la dette foncière, en dirigeant leur vengeance sur les aristocrates ou propriétaires. Combien d'entre eux ont vu avec satisfaction la chute de la religion et des prêtres en France! Les cruautés sans exemple exercées contre les catholiques feront introduire, nous disent-ils, un nouveau culte et des usages nouveaux qu'ils regardent comme d'autant plus utiles qu'ils sont plus pervers. Les sophismes qui peuvent imposer silence à la conscience et embellir le crime, n'ont pas été moins puissans en aveuglant la faction des jacobins honnêtes (si on peut les appeler ainsi), et en les portant à professer de si faux principes politiques.

La France a incontestablement, et d'après son propre aveu, perdu sa liberté, ainsi que les élémens de cette précieuse propriété, pour se livrer aveuglément aux conquêtes. Cependant les jacobins persistent à dire que si leur pays n'a pas de liberté en ce moment, il en aura plus tard. L'auteur de cet écrit peut-il être blâmable de regarder cette prédiction comme illusoire, s'il reconnaît que les motifs qui la rendent absurde, la rendent en même temps d'une contagion dangereuse; s'il voit ces propagateurs, redoutables par leur zèle et plus redoutables encore par leur aveuglement, creuser la mine et y mettre la traînée de poudre pour faire sauter le temple de la liberté? Peut-il alors garder le silence, ou peut-il parler sans horreur et sans mépris? Un parti qui travaille ainsi à détruire ce que nous avons acquis par nos peines et nos sacrifices, ce que nous avons juré de défendre, ne peut que mériter notre indignation. Ce n'est nullement manquer à la délicatesse, ni dévier de notre ligne politique que de représenter ce parti tel qu'il est effectivement.

Si l'effet de ce portrait est, comme ce doit être, de créer de l'aversion et d'inspirer la terreur pour ceux qu'il représente, la faute en est moins au peintre qu'à l'objet représenté. Je laisse à ceux qui recherchent la popularité de produire des motifs pour adoucir ce tableau et en éclaircir les teintes. Qu'ils inventent de nouvelles homélies pour inculquer l'hypocrisie parmi les citoyens disposés à être traîtres et soidisant patriotes; qu'ils inspirent au gouvernement l'indulgence pour l'exécution des lois contre les conspirations inoffensives. Le mépris qu'ils font naître est le plus grand obstacle à leurs projets jésuitiques de convertir au jacobinisme; la crainte et l'horreur qu'ils inspirent avec leurs plans viendront à l'appui des efforts d'un bon gouvernement pour les empêcher de réussir. C'est la timidité des demi-mesures de quelques amis du gouvernement, qui encourage cette faction à poursuivre ses desseins maudits : et jusqu'à ce que notre énergie se réveille, tout sera possible à ce parti, et conséquemment tout sera entrepris. Si nous consentons à laisser respirer cette faction française, et si nous voulons conserver quelque espérance de la combattre, ce ne peut être qu'en animant le zèle des hommes vertueux et celui du gouvernement, en leur persuadant de s'avancer et de parler : c'est seulement ainsi que nous pourrons décourager les factions. Il est évident que les efforts des amis de l'ordre ont toujours été faibles, excepté toutefois quand le danger est devenu imminent et que l'alarme générale a nécessité une action. Un tableau exact du caractère réel du jacobinisme, une fois bien présenté au public, tiendra toutes les appréhensions en éveil et deviendra le meilleur gage de notre sécurité politique.

Je ne puis donc pas penser qu'il soit inutile de bien dépeindre les traits constitutifs du jacobinisme, et qu'en représentant ainsi l'exacte vérité, on puisse m'accuser de manquer à l'urbanité et à la candeur. J'élève ma faible voix pour montrer de quelle trompeuse espérance se bercent ceux qui croient encore à la probité des factions, et qui cherchent à se persuader que tout n'est pas encore désespéré et qu'au moment d'un danger commun les partis disparaîtraient. Cette confiance est vaine en effet. Plus qu'un autre, je suis disposé à excuser les instrumens politiques qui ont été induits en erreur. De toutes les causes de séduction nulle n'est peut-être aussi puissante que l'esprit de camaraderie des partis ; mais qu'est-ce que cela ! Devons-nous en conclure que tous les hommes de parti sont honnêtes, quand surtout nous savons qu'ils ont été exposés à une influence corruptrice et, pour ainsi dire, irrésistible ? Sous ce rapport, nous devons encore plus déplorer les ravages que fait l'esprit de faction sur la morale comme sur l'humanité. Nous ne pouvons toutefois nier que l'on doit avoir confiance dans le discernement moral des hommes que nous voyons ainsi trompés, mais nullement dans la pudeur des principes agissant sur leur esprit et qui forment la base de la morale de leurs associés. Nous pouvons être sûrs que la plus grande partie de l'œuvre de la corruption des vices politiques est déjà opérée, et que les hommes honnêtes de la faction ont déjà renoncé à leur ancienne moralité, ou l'ont reniée pour guide de leur conduite. Il serait aussi faux que cruel de vouloir épargner le parti, parce que quelques uns de ses membres ont de bonnes intentions. Je le répète, la vérité doit être mise à nu : elle alarmera quelques personnes, mais au moins ce résultat pourra servir à les empêcher de devenir traîtres à leur tour.

Il est indispensable d'entrer dans une analyse abrégée, pour prévenir les véritables amis de la constitution du danger, et mettre à découvert cette masse d'hypocrites politiques, en les empêchant de se cacher sous le manteau de notre politesse et de nos bonnes manières, toutes les fois qu'ils voudront se garantir du mépris attaché à leur parti, et éteindre les étincelles du véritable zèle du bien public trop rarement excitées parmi nous.

Supposons, parmi les jacobins, un honnête homme ayant la connaissance intime, que la conscience et les principes de la morale peuvent donner ; celui-là certainement ne craindra pas les reproches de ses collègues, et ayant adopté des maximes politiques, il les suivra sans crainte. Mais les conséquences n'en ayant pas été prévues, lui sembleront provenir du hasard et stimuleront sa persévérance, ou bien elles lui paraîtront être dues à la malice cachée de l'aristocratie; alors elles enflammeront d'autant plus la rancune hostile de son parti, qui en profitera pour convertir en passions haineuses ce qui n'était que le résultat de l'erreur, chez cet homme, qui, de ce moment, se croira provoqué au combat, car l'esprit casuiste d'un jacobin étend devant ses yeux un voile qui obscurcit sa vue , et derrière lequel il croit cesser d'être visible, parce qu'il cesse de voir. L'humanité française avait aussi mis un poignard dans la main de ces hommes, et le zèle de parti s'appelant patriotisme, avait placé dans l'autre une torche allumée. De cette manière , l'honnête jacobin, également trompé par ce qu'il connaît et par la nature et la tendance de ses propres principes, marche en avant pour aider ses complices, tout en croyant agir pour la cause de la vertu. Il a tant d'excuses dans les bons motifs qui le dirigent et dans les conséquences heureuses qu'il espère en obtenir, qu'il se hâte d'opérer la ruine sans pitié et de perpétuer le crime sans remords.

Tout politique intelligent sait que, dans les affaires de parti, les dupes et les honnêtes gens sont les plus téméraires. Les crimes qu'ils peuvent excuser, en les envisageant comme vertus, ils les exécutent sans rougir. Ils ne redoutent pas la honte, parce qu'ils sont soumis aux principes de leurs maîtres : ils s'en glorifient même ; ils dansent sur les bords d'un précipice, et croient leurs pieds solidement assurés ; ils prévoient peu de choses, et craignent peu ce qu'ils prévoient ; ils sont endormis sur le danger, et dans l'illusion d'un bien imaginaire comme une récompense certaine de leurs travaux patriotiques ; et s'il arrive qu'ils réussissent, leur succès leur paraît un entier dédommagement des difficultés qu'ils ont eues à surmonter pour y parvenir. Les institutions, qui sont la sauvegarde de l'ordre, leur paraissent autant d'abus ; le gouvernement est-il un obstacle, il faut le changer ; il faut conquérir les magistrats qui sont autant d'ennemis. Ils font enfin, par conscience, les plus révoltantes atrocités et apprennent à envisager le gouffre d'une révolution, la confusion, la guerre civile, comme le prélude d'un Éden de primitive innocence, dans lequel ne règnent que la liberté et l'égalité.

C'est ainsi que ces tigres, chefs des révolutions, sont confondus avec l'innocente multitude qu'ils entraînent, et qui, souffrant quelquefois de la faim, sait cependant résister encore à les dévorer.

Ils disent que les droits de l'homme doivent être établis du moment où ils sont proclamés solennellement, et imprimés de manière à ce que tout citoyen en ait un exemplaire. Ils disent que l'avarice, l'ambition, la vengeance et la rage cesseront d'exister parmi les citoyens ; qu'en sacrifiant un demi-million d'hommes, l'espèce humaine sera régénérée par quatre millions d'hommes qui, nouvellement nés, les remplaceront, et dès lors recommencera l'aurore glorieuse de la perfectibilité de l'espèce prédite par Condorcet et par la secte des mazzeis d'Amérique.

Toutefois, les grands coupables qui conduisent cette multitude ne se bercent pas, eux, de pareilles espérances. Ils n'ont pas de foi dans ce splendide avenir, dans ce bonheur futur des jacobins en ce monde ; ils offrent à la vertu patriotique d'autres espérances que les chimères métaphysiques. Rentrant dans leurs cœurs envenimés, ils tremblent sur leurs crimes et sont plus disposés au remords que leurs honnêtes disciples. Ils savent qu'ils doivent être soupçonnés, et ils agissent avec la précaution que cette crainte inspire. Leurs dupes, au contraire, agissent avec une ferveur, une rage, une soif d'innovation, qui rendent possibles toutes les confusions, en les satisfaisant à peine.

Le méchant, qui conduit les gens coupables et égarés, *dont le sang putride ne coule que difficilement dans ses veines*, désire au contraire qu'il n'y ait de confusion que ce qu'il faut pour servir ses projets. Son ambition est naturellement de préserver les pouvoirs du gouvernement, afin de les usurper un jour ; et sa rapacité le porte à épargner les richesses de l'état, dans le but de les piller.

Une nouvelle secte succédera à celle-ci comme en France, et dépouillera à son tour les premiers spoliateurs, jusqu'à ce que l'état, proie continuelle de ces générations successives de races dévastatrices, soit réduit à la misère et ruiné de fond en comble.

Il arrive rarement que les chefs d'une révolution en profitent eux-mêmes. On voit en cela avec quelle imprévoyance ils agissent généralement, et que pour leurs propres intérêts, ils sont tout aussi trompés que les dupes qu'ils font. Mais la possesion du pouvoir souverain, toute précaire qu'elle est, se montre si avantageusement à leurs yeux, que leur prudence ne saurait y résister. Aussi voyons-nous que, pour une semblable conquête, jamais il ne manque de compétiteurs, et qu'ils s'agitent pour obtenir la pourpre impériale avec autant d'ardeur et de férocité que si elle n'était pas encore humectée de tout le sang dont les usurpateurs l'ont inondée. La chute de Robespierre a fait naître plus de prétendans qu'il n'en avait intimidé.

On dira sans doute que cet aveu sincère du mépris qu'inspirent les jacobins, et l'exhortation à tous les amis du gouvernement de se pénétrer de ce sentiment, ne peut qu'envenimer les partis et augmenter leur violence. A cela je répondrai : Mon silence, ou les expressions les plus bienveillantes changeront-elles les animosités? Est-il de la nature d'un gouvernement libre d'exister sans des partis? Jamais cela n'a été, et jamais cela ne sera. Est-il de la nature des partis d'être sans passion quand ils sont entravés par des obstacles et qu'ils rencontrent de l'opposition ? Mais, demande-t-on, n'est-ce pas en raison de la violence et de l'indiscrétion des écrivains qui défendent la constitution que les jacobins sont si insolens ? Enfin, en louant leur honnêteté, ne pourrait-on pas changer leur nature et les faire renoncer à leurs projets ? Non ! répondrai-je ; et j'ajouterai qu'il serait absurde de prétendre raisonner les passions quand elles s'appliquent à des questions aussi importantes : questions dont la solution est retardée par les doutes et les perplexités que font naître les sophistes ; questions si faciles, si les hommes voulaient être persuadés, mais si périlleuses quand il s'agit de les mettre en application. La modération dans les partis est un hochet d'enfant. Qui a jamais vu les factions être calmes dans l'action ? Qui pourrait espérer voir une race de monstres carnivores se soumettre à brouter paisiblement l'herbe ?

Les critiques de cet écrit peuvent être assurés que si les vérités qu'il renferme ne produisent pas de bien, elles ne produiront pas du moins le mal qu'ils redoutent. Les partis se haïront un peu moins en adoptant entre eux un langage franc et libre, car jamais leurs haines ne sont plus envenimées que quand on condescend à les flatter.

Combien de personnes pensent avec moi que

l'esprit du jacobinisme est acerbe et virulent; que ses principes et ses desseins sont généralement criminels; que l'état présent des affaires est tel qu'il nécessite sans hésitation un appel au patriotisme des citoyens.

Combien, avec moi, ont su reconnaître et disent que le jacobinisme est une faction dont l'union est fortement cimentée, dont l'esprit désespéré, s'adressant avec persuasion aux préjugés, échauffe toutes les passions, accorde indulgence à tous les vices; promet à ceux qui redoutent les lois de les placer au dessus d'elles; que ce parti souffle le soupçon aux faibles, promet le pouvoir aux ambitieux, le pillage aux rapaces, la violence à ceux qu'anime la vengeance; aux envieux l'abaissement de tout ce qui est respectable, aux innovateurs le changement de tout ce qui existe; qu'enfin ce parti réunit tout ce que la folie, le vice et la passion peuvent offrir de chances pour former, de ces vils matériaux, un autre état, un *imperium in imperio*. Telle est cependant notre position! telle est aussi notre erreur!

Eh! quelles peuvent être nos ressources pour nous sauver! Il n'y a que l'énergie dans la direction de l'opinion publique. Mille preuves existent, et le fait est notoire pour tous, que notre gouvernement n'a été soutenu jusqu'à ce jour, et ne l'est encore, que par l'appel fait à la vertu, au zèle et au patriotisme de tous les citoyens.

Quand les exemples sont si récens pour prouver que le péril n'a jamais cessé d'exister, se trouvera-t-il un homme assez insensé pour avancer que notre gouvernement repose sur des bases de rocher, que le cri d'alarme est contrefait ou imaginaire, que la faction est impuissante? Mais le cri d'alarme aujourd'hui ne doit pas étonner : il doit ranimer les esprits. La liberté est le but auquel nous devons tendre ; il ne faut point le perdre de vue. Nous avons à choisir entre ces deux alternatives : la conserver encore ou la perdre sans retour. La liberté est toujours le fruit des Hespérides; mais, depuis les temps de la fable, elle n'a plus été gardée par des dragons. Qui pourrait donc blâmer les écrivains qui s'efforcent d'éveiller la vigilance des citoyens? Pour chacun d'eux c'est un devoir personnel que de s'armer pour elle et de la préserver du coup de mort.

CHAPITRE V.

Du patriotisme de Washington , en résistant à l'esprit du siècle.

—

Les partis forment dans l'état un état qui est animé par la rivalité, par la crainte et par la haine de celui qui lui est supérieur. Quand cela arrive, ce qui est le devoir du gouvernement devient de nouvelles offenses, de nouvelles provocations, car c'est ainsi que se qualifie le devoir d'un ennemi. On ne doit donc pas s'étonner de voir que, quand les partis ont reconnu que le mérite et la gloire de Washington étaient pour eux un obstacle, ils aient cherché à les surmonter au

moyen de la calomnie. A tout cela sa prévoyance
l'avait préparé : il savait que le gouvernement
devait avoir une force suffisante soit au dedans,
soit au dehors, et que, faute de cette précaution,
il tomberait sous le coup des factions. La force
interne n'était nullement suffisante, il devait donc
en appeler au zèle et au patriotisme des citoyens.
Cette ressource était plus à la disposition de Washington, qu'elle ne l'a jamais été à celle d'aucun
autre magistrat.

Ce fut alors que le président administrait le
gouvernement d'une manière aussi juste que
sage, appuyé par la majorité des bons citoyens
et des gens éclairés, et qu'il conservait le mieux
l'espérance que le temps et les habitudes augmenteraient encore leur attachement pour lui,
que la révolution française arriva à ce degré de
déréglement que ses principes effrayans vinrent
agiter toutes les nations civilisées. Je ne puis,
dans cette circonstance, m'empêcher de dire
avec quelle horreur j'envisageais cette révolution;
j'étais révolté par le tableau de l'exécrable despotisme qui, après avoir armé les mains de la
populace, passait dans celles de l'armée; j'étais
soulevé par l'hypocrisie de sa morale. Les événemens de cette époque ont été tellement affreux,
que je n'entreprendrai pas de les décrire, car il
me serait impossible, malgré l'espace de temps

qui s'est écoulé depuis, et l'espace des mers qui nous sépare de la France, de les retracer sans éprouver une horreur qui glace jusqu'au cœur. Cette révolution n'a été constante que dans ses vicissitudes, ses promesses réitérées et trompeuses. Elle voulait établir la philosophie par le crime et la liberté par l'épée. Le peuple français, à l'imitation des Grecs modernes, a fixé son bonnet de liberté sur le casque de ses soldats; et malgré toutes ces parodies de dictateurs et de consuls, la seule ressemblance parfaite qu'il ait eue avec les Romains a été la fabrication de ses chaînes. Toutefois, les nations de l'Europe ont trouvé encore une autre ressemblance dans son ambition conquérante.

Mais je n'ai à m'occuper ici que de l'influence de cet événement sur l'Amérique, ainsi que des mesures prises par son président à cette époque, il serait injuste de passer sous silence tout le bien qu'il a fait, par la juste application des ses vertus.

Le véritable caractère de cette révolution n'est pas encore assez compris aujourd'hui, pour forcer aux mesures de précautions qu'elle exige. Le premier devoir d'un gouvernement est de protéger les droits de la propriété et la tranquillité publique, et les chefs de cette révolution ont, dès le commencement, animé les pauvres contre les riches. Cela a rendu les riches pauvres, sans doute, mais jamais cela n'a enrichi les pauvres : au contraire, ils ont été employés comme instrumens pour rendre les chefs maîtres d'abord du parti opposé, puis ensuite de l'état. De cette manière, les pouvoirs constitués l'étaient d'après une donnée toute contraire de ce qui eût été nécessaire pour préserver la tranquillité et prévenir la violence : cette violence fut excitée par l'appât du pouvoir, du pillage et de la vengeance. C'est ainsi que la France a été et est encore la proie du parti dominant, comme une capture faite par un ennemi ; et qu'aucun droit, aucune propriété n'a échappé à la confiscation ou, du moins, n'a manqué d'en être frappé.

Il paraît bien clair que, dans son origine, son caractère et ses actes, le gouvernement de ce pays était révolutionnaire, c'est-à-dire non seulement différent de l'ordre régulier de la société, mais encore en entière opposition avec lui. C'est en prévision d'un danger de propagation semblable, que *Rome* tenait ses ennemis sous le poids de la menace du châtiment qui aurait suivi tout acte de propagande de ce genre. Les alliés de Rome n'étaient que ses esclaves, mais il lui en a coûté quelques siècles passés en efforts et en politique pour faire des alliés de ses ennemis. Les nations aujourd'hui ne peuvent plus se fier à des traités, et elles ne s'en rapportent aux armes que quand l'énergie et la persévérance sont en rapport avec l'imminence du danger. La révolution française a été dès le commencement hostile à tous les droits de la justice, à ceux de la paix comme à ceux de l'ordre de la société; son existence en conséquence a été un état perpétuel de guerre contre le monde civilisé; il y a mieux: contre la liberté et l'ordre des républiques, car ces républiques n'étaient jamais sans factions, toujours prêtes à se joindre à la France et à l'aider dans son œuvre de destruction. Aussi ces républiques ont-elles été bientôt soumises. Des gouvernemens semblables, en montrant ce qu'est la liberté républicaine, découvrirent aussi quelle était l'imposture des Français et quels étaient leurs véritables prétextes.

Pour les renverser, ils eurent, en outre de la facilité qu'offrent toujours les factions, l'avantage d'éviter un reproche, en convertissant ainsi leurs plus grands obstacles en auxiliaires puissans.

En effet, qui pourrait, en y réfléchissant, être étonné que les Français et leurs partisans conçurent le projet de révolutionner le gouvernement américain? Toutefois, il est étrange de dire que leurs efforts furent excusés, comme étant les effets de troubles occasionés en faveur de la liberté, et que nombre de nos concitoyens furent flattés, au moment même où on les insultait, par l'idée de voir que notre exemple était imité et nos principes adoptés. Rien n'était plus faux que cette opinion. Effectivement, notre liberté tient à notre éducation, à nos lois, à nos habitudes devant lesquelles fléchissent nos préjugés. Elle est fondée sur la morale religieuse, qui est dans nos cœurs, et sur l'influence qu'elle produit sur l'opinion, avant même que cette opinion guide nos gouvernans. Ici, la liberté est restreinte; là, elle était le fruit de la violence; ici, elle est bienfaisante comme les rayons du soleil, venant par sa douce chaleur vivifier au printemps les montagnes et reverdir les vallées; là, elle est comme les rayons ardens d'un soleil d'été, ou comme la fournaise des sables brûlans de l'Afrique.

Le jacobinisme a été ici, comme en France, plutôt une secte qu'un parti, inspirant un fanatisme intolérant et contagieux. L'illusion était telle qu'on prenait sa voix pour celle du peuple, requérant l'autorité sans preuves, et jalouse de l'assentiment sans murmures et sans contradictions. Bientôt après, on arriva à entraîner la multitude à être vindicative et même féroce. Pour elle, rien n'était bien que le gouvernement révolutionnaire et la justice de Paris; rien d'odieux comme le gouvernement américain. Le nom de patriote était réclamé et accordé en raison de l'éloignement qu'on avait pour l'Amérique. Ici, de telles dispositions trouvaient des sympathies, on y reportait toutes ses affections sur les corrupteurs étrangers, et l'esprit de parti ne dissimulant plus ses rapports d'intérêt avec la France, se livra ainsi tout entier à l'influence étrangère.

Les opérations systématiques du parti, sous une pareille influence, commencèrent à s'établir et furent progressivement suivies d'une manière trop alarmante pour avoir été oubliées. Qui de nous ne se rappelle ces momens difficiles? l'on voudrait pouvoir oublier, mais l'on ne peut se rappeler qu'avec indignation, quelle honte accompagna une proposition faite dans un des États, de détruire le sénat fédéral qui, dans notre forme de gouvernement, est le grand boulevart de l'ordre public; que d'autres propositions, non moins extravagantes, furent faites concernant l'ordre judiciaire; que, dans un autre État, une insurrection fût fomentée par l'agent de la France; que les pouvoirs du gouvernement furent usurpés; que des troupes furent levées et des vaisseaux armés pour combattre en faveur de ce pays. Enfin, est-il un seul véritable ami du gouvernement qui puisse envisager sans effroi que, peu de temps après, le pouvoir de faire des traités fut accusé par la législature, que la constitution avait mise hors de ce droit?

Je ne sais comment je pourrai avoir le courage

de continuer ce sujet. Washington, favorisé de Dieu par autant de sagesse que de puissance, publia sa fameuse proclamation de neutralité, et sut arrêter de bonne heure les intrigues de la France et les passions animées de ses compatriotes, qui s'avançaient sur le bord du précipice d'une guerre ou d'une révolution.

Il est impossible de prononcer le nom de Washington, si cher aux amis de la liberté, sans payer à sa mémoire le tribut de la vénération. L'histoire ne montre pas un plus noble exemple de désintéressement et de dévouement à son pays. Ses vues, dans l'exercice de son pouvoir, coïncident parfaitement avec celles de *Fisher Ames*, et se trouvent en complète opposition avec celles des personnes qui, trop souvent, s'appuient de l'autorité de son nom.

Loin de moi d'accuser personne de confondre le républicain et le démocrate, et d'avoir dit que Washington ait professé ces principes. Ces hommes-là ne connaissent de la liberté que le nom. Certes, le nom de ce grand homme ne peut se confondre avec l'agitation des factions. Jamais un patriote ne s'est plus intéressé à son pays que lui et n'en a donné plus de preuves réelles, dans le maintien de l'ordre et l'exécution d'un bon gouvernement.

CHAPITRE VI.

Des Illuminés.

—

Les réformateurs comptent pour rien les institutions anciennes, quel que soit l'intérêt qu'elles
offrent, soit comme témoignage des temps, soit
comme cachet des mœurs de nos devanciers, soit
à cause des rapports qu'elles présentent avec des
objets moins anciens. Il est juste de donner en
cela aux intentions de ces innovateurs une interprétation favorable, et telle que leur conduite ne
puisse pas les démentir. C'est sans doute un motif louable qui les guide, mais néanmoins il faut

convenir qu'en agissant ainsi, ils sont entraînés par un système trop exclusif et par trop de désir de généraliser; et peut-être feraient-ils mieux d'agir en hommes de bon sens, en se basant sur les fondations certaines des choses. Mais souvent ils jugent une loi comme ils jugeraient un tableau, d'après le simple bon goût : nécessairement alors ils ne peuvent que décider comme le fait la populace, par acclamation. Cependant l'expérience a déjà pu nous faire voir quels sont, même en matière d'art et à plus forte raison en matière de gouvernement, les résultats de jugemens ainsi formés.

L'homme d'état est souvent enivré par son fanatisme, il voit les étoiles près de lui et n'aperçoit pas la terre à ses pieds; il s'élève dans son ballon parmi les nuages et les vapeurs au dessus de ses affaires et de ses devoirs, et si quelquefois il aperçoit encore ce monde, il lui paraît aplati comme une plaine et dérangé dans toutes ses proportions : alors il s'empare de sa lunette pour regarder au-delà de sa circonférence et contempler l'invisible, jusqu'à ce qu'enfin rien ne lui paraissant plus réel, de nouveaux objets de métaphysique sortent de son cerveau en tournant dans leur orbite plus elliptique que celle d'une comète. L'homme s'élève au milieu d'un mirage que l'aristocratie lui montre; il repousse le sommeil de l'ignorance et le fatras des lois pour devenir un nouvel être investi de la perfectibilité, un saint, un géant d'intelligence, qui vient habiter ce monde. Alors apparaissent les Condorcet, les Roland et leurs pareils, ainsi que les Paine et les Duane, les Marat et les Burrough. La vertu célèbre leur triomphe, et le patriotisme s'enivre de l'extase de ses compagnons.

Je ne connais pas plus les illuminés politiques que la secte des swedenborgiens ; mais il m'a toujours semblé que ces premiers sont une nouvelle secte de fanatiques. Ils laissent voir qu'ils ont dans le cœur une grande chaleur, mais dans le cerveau peu de lumière, ou tout au plus une bien faible lueur, dont les rayons sont groupés par la philosophie pour allumer chaque objet combustible dans l'État et en former un vaste brasier.

Un homme d'état de cette secte doit ressembler, dans son fauteuil, à un alchimiste dans son laboratoire, pâli par l'étude et s'occupant sans relâche de livrer à la décomposition du feu les objets les plus précieux, avec le fol et persévérant espoir d'arriver à en extraire on ne sait quelle matière inconnue de laquelle dépend le sort de l'avenir.

Dans des temps plus heureux, quand les

hommes ressentent de l'ardeur à s'attacher aux choses positives, et montrent la plus grande apathie pour la politique, ceux qui ne possèdent rien et qui n'ont d'autre occupation que de diriger les intrigues d'élections sont même alors infiniment plus nombreux que les gens qui ont des affaires. Chacun agit d'après de fortes passions, marchant dans des directions différentes, mais jamais opposées, jusqu'à ce que quelques grands intérêts de la société soient envahis; alors les passions changent leur cours et se calment. Les intérêts privés se défendent avec toute la vivacité qu'inspire l'esprit du gain et des entreprises, ou avec toute l'énergie de la vengeance et du désespoir. Ce sont, il faut en convenir, pour la défense des droits et de la propriété, des ressources révolutionnaires qui ne peuvent pas et ne doivent pas être employées dans des circonstances ordinaires. Les classes dont nous parlons ne connaîtront la crainte que long-temps après avoir été dans le danger, et si leurs adversaires poussaient leurs attaques jusqu'à rendre cette crainte capable de dominer toutes les autres émotions, ils pourraient parvenir à leur but, sans inspirer le moindre soupçon. Ces hommes sont aussi occupés de leurs affaires, que les faiseurs de projets politiques de leurs plans de réforme ou de destruction.

Ceux qui possèdent des propriétés, qui jouissent des droits, et qui respectent les lois comme la garantie de ce qu'ils ont, regardent naturellement comme utile, et, il y a mieux, sentent l'absolue nécessité de reconnaître au pouvoir de l'État le droit de contracter et de modifier les actes ; en un mot, leur désir comme leur intérêt est uniquement dans la justice, parce qu'elle seule peut assurer le droit de chacun. D'un autre côté se trouvent les hommes qui ignorent ce que c'est que les droits, ou qui, le sachant, les méprisent ; ceux qui n'ont que peu d'intérêt au maintien de la justice, parce qu'ils ont peu de choses à conserver ; ceux qui se croient obligés, dans leur sévérité de principes, de s'abandonner à leurs antagonistes ; ceux qui croient, dans leur aveuglement, apercevoir dans les formes les plus douces du gouvernement la marque du despotisme et reconnaître un poignard dans les bienfaits qu'il tient à la main et qu'il en répand. Les hommes qui considèrent le gouvernement comme un obstacle à la liberté, obstacle qui augmente en raison de la force que peut avoir le pouvoir, et pensent qu'il n'y a que le patriotisme, la vertu et l'héroïsme qui puissent surmonter les difficultés ; que la liberté est désirable, plutôt pour ses qualités abstraites que pour l'avantage qu'on en retire; et que, conséquemment, il vaut mieux courir les chances d'avoir une liberté périssable que d'en avoir une qui nécessiterait des mesures conservatrices, liberté telle que l'indiquent les théoristes, et qu'ils pensent, d'après leur expérience, pouvoir rendre immortelle; les hommes enfin qui ne voient le gouvernement qu'avec crainte et aversion, et croient à la possibilité de son renversement parce qu'ils la désirent; tous ceux, en un mot, qui, par crédulité, envie, passion ou orgueil, par un but d'ambition ou de cupidité, ne peuvent endurer qu'il y ait des restrictions imposées, et qui n'ont que le désir de tromper le pouvoir.

Tous ces individus, animés de semblables motifs, agiront, quand ils le pourront, dans un sens contraire au gouvernement et aux lois. Ils varient dans leur opinions, et quelques uns d'entre eux paraissent raisonnables et modérés; mais aucun d'eux, excepté leurs chefs, ne penche pour le parti extrème, auquel leurs premières dispositions ne semblent pas tendre; du reste, une fois leur décision prise, elle sera invariable. Ils sont mus par un intérêt commun, aussi aveugle que ferme et puissant dans l'action.

Enfin. les démocrates veulent tenter l'expérience impossible de *gouverner sans gouvernement*.

La présomption de ce parti est telle qu'elle lui fait
croire tout possible; mais sa nullité est telle aussi
qu'elle le rend également incapable de rien accomplir et de rien conserver.

—

CHAPITRE VII.

De l'Influence politique.

—

De tous les hommes que j'ai connus, ce sont les jacobins qui ont la plus mauvaise opinion de la nature humaine. Pour eux, l'exécution rigide des devoirs, dans telle situation que l'on soit, est une chose tout-à-fait incompréhensible. En conséquence, ils commencent d'abord par des accusations et des calomnies de toute espèce contre nous, et en appellent à nous-mêmes pour prouver qu'ils ne sont pas sincères; comme si le poids de la fausseté ne devait pas retomber sur l'accusateur, et non sur l'accusé.

Il est convenable de dire aux observateurs de la nature humaine que, de toutes les influences, la plus puissante, pour le vulgaire et l'ignorant, est la corruption, tandis que c'est celle qu'exercent le plus ordinairement et le plus naturellement les gens des positions élevées qui se mettent au dessus de la honte; c'est toutefois un moyen qui ne remplit pas toujours son but. Il y a des circonstances, et cela s'est présenté pendant notre révolution, où un homme qui n'était pas très-délicat a fait connaître publiquement, après avoir profité de cette corruption, les moyens qu'on avait employés pour le séduire. C'est là l'histoire des accusations de séduction et de rapt qui, presque toutes, sont faites par des femmes d'une moyenne vertu. Il y a tant de honte attachée à l'offre d'une séduction, et tant de gloire à la refuser, que souvent on est embarrassé, pour effectuer la corruption, de savoir de quelle manière on la doit employer.

Sir Robert Walpole, le grand ministre anglais, a été, dit-on, un grand maître dans l'art de la corruption; mais, quoi qu'il en soit, quand l'opinion publique se trouvait décidément contre ou pour une mesure, comme cela arriva dans la question des contributions, du bill des juifs et,

si je ne me trompe, dans l'affaire des gardes-
côtes espagnols, son art et son or n'étaient pas
épargnés pour, lui assurer une majorité dans le
parlement. Quand il fut question d'unir l'Irlande
à la Grande-Bretagne, cette proposition fut,
malgré l'influence ministérielle, repoussée par
les communes d'Irlande. Toutes les raisons pour
prouver l'avantage général ne furent pas épar-
gnées, et néanmoins les passions et les préjugés
s'opposèrent à son adoption. L'Irlande semblait,
par cette union, devoir être absorbée par l'Angleterre; et cette crainte secrète et l'épouvante
que l'on ressentait à l'idée de voir ce premier
pays s'effacer et tomber dans la dépendance,
furent des causes plus que puissantes pour déterminer la nation à s'y opposer et à faire taire les argumens favorables à l'avantage national. On pourrait ajouter que les membres irlandais du parlement voyaient dans cette mesure la perte de leur
influence et de leurs droits. On peut donc dire,
avec sir Robert Walpole, que c'est une tâche
bien pénible que de vouloir séduire des membres d'un parlement, même en ce qui est leur
plus grand avantage et quand il ne s'agit que de
voter selon leur conscience. Combien, à plus
forte raison, la difficulté doit-elle être grande si
l'objet de cette séduction doit tourner contre
l'opinion bien connue de la nation.

L'expérience nous a démontré que rien n'est plus facile que de faire adopter une mesure, quel que mauvaise qu'elle soit, du moment où elle est populaire, et qu'en obtenir une bonne est mille fois plus difficile quand il s'agit de déterminer les hommes à agir contre la clameur populaire. La manière d'employer une influence corruptrice est toujours par le moyen populaire, parce qu'il reste toujours à l'abri du soupçon.

Mais, dans ce cas même, les membres d'une chambre ne peuvent être plus excusables d'avoir agi contre leur devoir : c'est pourtant ce qui arrive presque toujours, parce qu'ils sont toujours prêts à soutenir les principes qui ne peuvent pas attaquer leur réputation, ce qu'ils font en cherchant à plaire au peuple plutôt qu'à le servir. La démocratie, en flattant la ferveur populaire, se trouve parfaitement située pour faire agir le zèle du prosélytisme ; le mouvement continuel des élections, les disputes et les harangues répétées des démagogues préparent les esprits à s'enflammer à la première étincelle. Le zèle est toujours contagieux, et le seul propagandisme qui existe aujourd'hui est celui de la démocratie. Les royalistes ont moins à faire en ce qui concerne le gouvernement. Ils parlent et agissent peu : ils ont l'esprit de la subordination que le prosélytisme ne connaît pas. Mais, au résumé, que leur système paraisse ou non inférieur aux spéculations théoriques des meilleurs gouvernemens, les hommes sont satisfaits quand leur vie, leur propriété et leur liberté sont assurées.

CHAPITRE VIII.

Des nouveaux prétendus Romains.

Éveiller la curiosité, la terreur, l'étonnement, est l'effet ordinaire des grands événemens politiques. Tel a été l'effet produit par la révolution française. Mais il ne suffit pas de s'étonner pour devenir plus sage; pour que l'expérience procure cette qualité, il faut examiner les choses attentivement, il faut découvrir quelles sont les causes qui ont déterminé une mesure politique, et quel est son véritable but. Savoir que telle chose s'est faite, sans savoir pour qui elle a été faite et dans

quel dessein elle a été entreprise, est réellement
ne rien savoir : ce n'est rien de plus que le travail de l'ignorance et de l'erreur. Tel a été, dans
la masse des journaux, le résultat de toute l'admiration sans borne qu'ont inspirée les victoires
françaises. Il serait difficile d'expliquer combien
il serait avantageux de connaître des évenemens
aussi surprenans. Si l'histoire ne nous apprend
rien en nous montrant les faits qui se sont passés, ainsi que les personnes qui ont figuré dans
les événemens, alors nous ne pouvons point arriver à tirer parti des fruits de l'expérience des nations.

Depuis le temps des Romains, aucune nation
ne s'est montrée avec un caractère plus complétement militaire que les Français. Mais, jusqu'à
l'époque de la révolution, ce caractère était mi-
tigé par un mélange d'idées commerciales.

Avec un peu moins d'un demi-million de citoyens, selon l'énumération faite par Denis d'Ha-
licarnasse, Rome, peu de temps après l'expulsion
de ses rois, était en état de commencer l'expédi-
tion d'Italie, pays non moins populeux que la
France, et divisé en petits états, dont les habitans
étaient pour la plupart aussi nombreux, aussi
braves et d'un esprit aussi belliqueux que les Romains eux-mêmes. Cependant il existait une
énorme différence dans leur caractère national et

dans leur gouvernement. A Rome, tous les citoyens étaient soldats sans solde : le seul prix de leurs travaux était le pillage. Pauvres comme ils l'étaient, le butin d'un camp ennemi et la division des terres conquises étaient une ample récompense pour une campagne de quinze jours.

L'ennemi étant près d'eux, ils étaient toujours préparés au combat. Le temps pour lequel ils étaient appelés au service était de courte durée, mais il se renouvelait souvent. En un mot, à Rome, on ne s'occupait que de la guerre : c'était l'occupation, la vie du citoyen ; la profession de tous, c'était la guerre. Aussi Rome avait-elle environ 60,000 hommes des meilleures troupes du monde, tandis que sa population n'excédait pas 500,000 âmes. Malgré cet élément de force et de succès, Rome eut à lutter long-temps. De nos jours, une province entière de l'Italie, avec un million d'habitans, n'a pu résister à une demi-brigade de Français. Quelle étonnante différence !

Le huitième de la population de Rome formait les meilleurs soldats du monde. D'après celle si considérable de la France, la comparaison ne saurait, à cet égard, être établie entre cette nation et la ville antique ; mais il n'en est pas moins vrai qu'aucun pays n'a, quant au caractère militaire, plus approché de Rome que la France, où chacun est pour ainsi dire pareillement soldat. On ne saurait toutefois établir l'exact rapport de son armée à sa population. En Allemagne, ce rapport est, dit-on, de un à cent ; mais les malheurs de l'Autriche et le zèle des Hongrois peuvent avoir doublé cette proportion depuis les dernières guerres de la France. On peut néanmoins établir que, pendant l'époque énergique de Robespierre, les seize corps d'armées de la France formaient un douzième de sa population. Sans un seul vaisseau marchand, sans marine de guerre, les arts suspendus, le capital absorbé, la main d'œuvre uniquement occupée à forger des armes, la ville de Lyon assiégée et détruite, le seul mode d'emploi pour le peuple et le seul moyen de gagner son existence était l'armée. Aucun état moderne n'avait mis en application un semblable système militaire. Il est à remarquer que ce n'était pas l'effet de sa misère, mais bien le plan du gouvernement et la conséquence du caractère de la nation. Tous les bouleversemens que le gouvernement éprouvait ne changeaient rien à cette disposition. Comme à Rome, qui portait ses conquêtes au dehors, tandis que la guerre civile ravageait son intérieur, chaque changement en France augmentait encore la fureur militaire. C'était une passion qui, semblable à un tyran, avait banni toutes les autres ; c'était le seul aliment qui convenait à ce peuple. Nous avons vu à quel point cette passion prévaut et domine dans le cœur des Français ; car les émigrés eux-mêmes, qui cherchèrent un asile sur les terres étrangères, se glorifiaient néanmoins encore, eux et les leurs, des victoires de leur pays, comme s'ils eussent voulu honorer leurs oppresseurs ; et quand leurs flottes ou leurs armées éprouvaient quelque échec, ils en ressentaient la même peine que si c'eût été leur propre cause. En France, l'âge de la chevalerie n'est pas fini. Un esprit plus ardent encore que celui des croisades y existe toujours. Ce n'est pas pour la liberté que brûle ce feu sacré, mais pour les conquêtes. Les gens à argent de la Hollande, de l'Amérique, ne peuvent comprendre ni cette passion ni son influence ; cependant c'est une grave erreur que de conserver des doutes à cet égard. On veut opposer de la métaphysique à ce qui est fait pour diriger les hommes vers l'autorité de l'expérience, qui seule détermine ce qui doit les gouverner.

On pourrait, s'il était nécessaire, montrer que l'esprit de chevalerie militaire était dominant en France. Tous les gens distingués par leur position dans le monde étaient militaires ; la classe inférieure partageait ce sentiment, et jusque parmi les soldats, les duels n'ont jamais pu être arrêtés. C'était chez eux un principe d'honneur ; la gloire qu'ils tiraient de leur habit leur faisait oublier la mauvaise qualité du pain qu'ils mangeaient ; et cette gloire de leur condition, cet oubli des sacrifices qu'elle commande, ils les rapportaient également au grand monarque. Telles étaient les dispositions des Français avant la révolution; toute autre profession, telle que le commerce, l'agriculture, les métiers libres, était considérée comme dégradante. Il en était résulté que les gens de négoce, auxquels on n'accordait pas le même honneur dans l'exercice de leur profession, manquait aussi, souvent, d'honneur et d'intégrité. Élevés dans leur condition, ils n'avaient point de stimulans comme dans la profession des armes. Pour eux, toutes les passions généreuses, toute l'énergie étaient éteintes, et l'on ne les retrouvait que dans la carrière des armes. C'est alors que la révolution éclata, et fit tourner ces sentimens ainsi comprimés en fureur et en extravagance; tout fut changé aussitôt, et dans tous les cœurs il n'y eut plus que le désir de la gloire. La garde nationale fut formée : une épée et des épaulettes devinrent plus pour eux que la liberté.

Les ravages monstrueux qui engloutirent les arts, les institutions, les richesses, le trône et l'église, augmentèrent cette fatale passion, qui ne pouvait être contenue par la discipline.

De bonne heure, les Français reconnurent l'affinité qui existe entre eux et les Romains, bien toutefois que cet esprit ne se développa chez ceux-ci qu'après qu'ils furent corrompus et qu'ils n'eurent plus de liberté. La vanité des Français s'éveilla ; ils voulurent suivre leurs modèles ; et pour établir une juste ressemblance , ils devinrent également vains de leurs tribuns et de leurs consuls , et adoptèrent, de la politique habile des Romains, l'importante création d'un sénat. Si les nations modernes sont plus recommandables que les barbares, ce doit être au même titre que les Romains , c'est-à-dire par l'intelligence et le patriotisme qui manquaient aux anciens et qui auraient pu les sauver de l'esclavage.

La conquête étant le but des Romains , et l'esprit de ce peuple étant guerrier au plus haut degré, ils devaient inspirer au peuple le désir de porter les armes. Ils crurent pouvoir y réussir, et être à même de faire dans ce but plus que toute autre nation. Aussi, ils se soumirent, au moyen du courage et de la gloire, à toutes les conséquences que ce système entraînait avec lui. Leur patriotisme reposait bien aussi sur l'amour-propre ; ils n'ambitionnaient que leur part de l'honneur qu'ils attiraient sur leur pays ; ils agissaient toujours sous l'inspiration du serment qu'ils avaient prêté, de mourir pour la patrie. La république devint une sorte de divinité qui leur imposait le respect et l'affection, dont la prospérité leur paraissait un dédommagement suffisant de leurs sacrifices, et la seule récompense qui convînt à des héros. Ce sentiment fut augmenté encore par la rigueur des mesures adoptées pour la guerre. Il fallait être vainqueur ou devenir esclave et être privé de toute espèce de gloire, le bien le plus précieux pour un Romain. Telle était la puissance de ce système de combinaison, que chaque soldat romain était un véritable héros. Leur pays était un camp, et la paix non un temps de repos, mais une occasion de se préparer de nouveau à la guerre. On habituait les soldats à porter de lourds fardeaux, à marcher, ainsi chargés, munis de vivres pour quinze jours ; à traîner avec eux tous les pesans équipages de la guerre, qui de nos jours sont transportés par des voitures. Ces violens exercices les habituaient à toutes les rigueurs des climats, et développaient chez eux un germe de force et de santé. La discipline qu'ils observaient dans les marches forcées, leur célérité à se rallier immédiatement après un échec, étaient autant de moyens formidables que leurs ennemis redoutaient autant que leur courage héroïque. Enfin ils passaient, aux yeux mêmes de leurs ennemis, pour une race d'hommes toute surnaturelle. Cette opinion augmentait encore leur force. Ils ne considéraient jamais leur nombre, et deux légions (environ 16,000 hommes) avec un général populaire à leur tête suffirent pour renverser les armées de Tigrane ou de Jugurtha. L'histoire prouve que la terreur du nom romain était encore au dessus de la force de leurs légions : aussi vit-on des alliés, et même les enfans de souverains attaqués, déserter leur propre cause par cela seul qu'elle était contraire au système des Romains, et conséquemment aller au devant d'une ruine complète, plutôt que de lutter contre eux.

Si le lecteur, en repassant les détails du caractère militaire de Rome, ne remarque pas la ressemblance qui existe entre lui et celui des Français, ce n'est certes pas parce que ceux-ci n'ont pas employé les mêmes moyens que les Romains. Comme les soldats français sont tous citoyens, ils sont ainsi supérieurs à leurs adversaires, et sont véritablement des patriotes animés de cette énergie et de ce zèle qui caractérisent si éminemment leur nation. C'est une considération à laquelle tous les Français, de quelque opinion qu'ils soient, ne sauraient être indifférens. Tout ce que les taxes, les confiscations ou les dépouilles peuvent procurer, fut promis aux soldats comme récompense, et tout ce que l'art ou l'éloquence peuvent avoir de stimulant fut mis en œuvre. En France comme à Rome, il n'y eut pas de prétentions au pouvoir ou aux distinctions qui ne se présentassent appuyées sur l'épée. Les consuls à Rome étaient généraux, et toutes les charges étaient considérées en quelque sorte comme militaires. En France, personne ne pouvait arriver aux premières places sans être en même temps général. Toutefois l'abbé Sieyes a été l'un des consuls, mais on s'accorde à reconnaître sa supériorité dans le conseil. Lorsque Caligula créa son cheval consul, il ne le rendit pas pour cela aussi supérieur que Sieyes, mais il l'investit du même degré de pouvoir que celui que Bonaparte alloua à ses collègues. L'armée, sachant ainsi quelle était la source des pouvoirs, aurait aussi bien obéi à une femme qu'à toute autre personne étrangère à la condition des armes. Il suit de là que quand toutes les distinctions, toute la gloire d'un pays, et toute participation aux affaires du gouvernement sont réservées aux militaires, il ne faut pas s'étonner que leur art soit porté à un degré de perfection bien supérieur à celui auquel il a atteint dans tout autre pays.

Si tous les divers États d'Amérique étaient rivaux de gloire, si tous leurs sujets étaient soldats, si les arts y étaient placés sous le coup de cette sorte de mépris qui a donné ailleurs d'autant plus de relief à la profession des armes, alors ces pays seraient dans la même situation que la France. Mais, depuis la découverte de l'Amérique, le système de tous les gouvernemens européens, à l'exception de la France, a été commercial. Ils ont protégé les arts qui peuvent procurer la richesse, comme préférables à ceux qui procurent le pouvoir ; le sentiment public de toutes les nations a été plutôt dirigé vers l'avarice que vers l'ambition : en conséquence, la profession des armes a été distinguée de toutes les autres, et en quelque sorte moins estimée, comme étant la seule qui n'apprend rien et que corrompt la paresse. Le reste de la société est devenu anti-guerrier, insensible à la gloire et incapable de travailler pour elle. Les citoyens qui cherchaient à acquérir des propriétés et à se faire une aisance, regardèrent comme une sorte de disgrâce de devenir militaires. Est-il donc étonnant d'après cela que la France, ayant un système aussi entièrement opposé à celui-là, la disposition générale des esprits y ait été de dénigrer toutes les autres nations ?

La France, sous le plus énergique despotisme du monde, répandit partout ses myriades de soldats. Autrefois, quelques forteresses ou une chaîne de montagnes étaient regardées comme une barrière suffisante, et, pour subjuguer un pays, il fallait d'abord surmonter ces obstacles. De nombreuses campagnes eurent lieu, sous le fameux Marlborough, pour rompre les barrières de fer des frontières de la France, nommées les Pays-Bas. Les Français changèrent étrangement ce système de guerre. Le nombre immense de leurs soldats, la vaste étendue de terrain qu'ils commencent par occuper sur la frontière de l'ennemi, une artillerie considérable, des marches rapides, des attaques simultanées sur plusieurs places (comme lorsqu'ils allèrent attaquer celles qui occupent l'espace depuis le Bas-Rhin jusqu'au Mincio et à l'Adige, quoiqu'à une distance de plus de cent lieues), la constante répétition de ces attaques, le renfort sans cesse renouvelé de troupes fraîches, tous ces moyens font qu'un pays est aujourd'hui plus promptement conquis qu'il ne fallait de temps à Marlborough pour s'emparer d'une place ; le champ de bataille s'étend sur plusieurs provinces ; la carte d'un pays n'est pas assez grande pour la formation d'un seul camp ; toutes les hauteurs et toutes les positions dominantes sont disposées de telle manière que les deux ailes d'une armée occupent souvent cent cinquante milles de terrain, et que, si un poste de l'ennemi se trouve forcé, il est obligé de se retirer pour prendre la position la plus avantageuse qui lui reste sur l'arrière, et qu'ainsi un pays tout entier est enlevé en un seul jour, souvent même sans avoir eu une seule bataille à soutenir.

Il est évident que cette nouvelle méthode d'employer des armées nombreuses, et l'activité que l'on met à les faire manœuvrer et à combattre sans relâche, méthode qui a causé la destruction de tant d'hommes dans une seule campagne, doit obliger l'Europe à être plus militaire que jamais. Tout le monde doit être soldat, ou tout le monde doit être esclave; et cette révolution si vantée, doit avoir pour résultat de hâter et de fixer, pendant des siècles, la barbarie et le despotisme.

Les dispositions d'un art quelconque ne peuvent changer de suite le caractère d'une nation ; la violence le peut encore moins. De toutes les nations barbares, celle des Francs fut toujours la plus martiale. Pendant plus de quatorze siècles, ce fut une nation conquérante; bientôt, leur grandeur fit naître parmi eux une ambition que plusieurs princes habiles enflammèrent et transformèrent en une espèce d'enthousiasme. Tandis que presque tous les États de l'Europe étaient faibles par leur division, les Français devenaient déjà puissans et aspiraient à dominer les autres nations par leur influence. Il y a déjà plus de mille ans qu'un de leurs rois conduisit une armée en Italie et divisa son gouvernement comme Bonaparte l'a fait récemment. La splendeur du règne de Charlemagne fascina les yeux des Fran-

çais et leur fit obtenir la victoire. Dès cette époque, ils eurent la prétention et la vanité de paraître
la plus grande des nations et l'arbitre de l'Europe.
L'immensité de leurs forces et leur position cen-
trale les firent prendre part à toutes les guerres
qui se présentaient. On sait quel est le pouvoir
de l'habitude pour former le caractère des hommes comme celui des nations. Dans toutes les
guerres où ils se trouvèrent engagés, jamais l'esprit militaire de leurs barbares ancêtres ne se
démentit. Les croisades et l'âge de la chevalerie
exaltèrent cette disposition au plus haut degré.
Aussi, dans ces expéditions religieuses et aventu-
reuses, furent-ils, de tous les peuples qui y prirent
part, celui qui se distingua le plus.

Édouard et successivement Henri VII et la
reine Élisabeth, d'heureuse mémoire, introdui-
sirent le commerce et les arts en Angleterre, en
lui donnant un nouvel esprit pour les affaires.
On peut présumer, sans crainte d'être dans l'erreur, que la position insulaire de ce pays a déterminé de bonne heure sa propension vers les
arts et la paix. Aussitôt que les discussions entre
le roi et les barons et que la rivalité des maisons
d'Yorck et de Lancaster furent apaisées, les
Anglais déposèrent les armes et s'occupèrent
de l'ordre intérieur de leur pays. A cette époque,
la majeure partie des Anglais habitait les campa-

gnes, qui étaient au moins aussi tranquilles qu'
les villes. Les cultivateurs formés en corps de
yeomanry, accrurent leur richesse et leur influence dans l'état, en constituant la véritable
masse de la nation. Cette classe de cultivateurs
forme un nombre considérable d'hommes dont
le caractère industrieux est éloigné de l'art militaire. Une conséquence naturelle fit que les
Anglais s'engagèrent dans des guerres nouvelles
avec moins d'activité, et que ces guerres furent
moins dangereuses que celles de leurs rivaux.
Excepté l'incursion en Écosse, toutes leurs guerres
ne furent plus qu'avec l'étranger et furent rarement de quelque durée.

Quand, sous le règne de Henri VII, la découverte de l'Amérique fut faite, elle éveilla les idées
d'entreprise. Cette circonstance ne s'opposa pas
à la propension vers la passion militaire, mais
appuyée de la protection de la reine Élisabeth et
des Stuarts, l'Angleterre devint principalement
une nation commerciale, ou, comme on l'a dit,
une *nation boutiquière*, titre que les Français leur
donnaient avec une sorte de mépris ironique. De
là vint cette passion de la part des Anglais, à
justifier ce titre, en surpassant les Français; et,
tandis qu'ils cherchaient ainsi à acquérir des richesses, les Français ne pensaient qu'à la gloire.

Les causes qui ont déterminé ce caractère national se reportent à la plus haute antiquité; mais ce sont les événemens d'une date plus récente qui ont contribué à le décider et à l'établir d'une manière fixe.

Les ravages occasionés par les guerres nationales avaient exposé les gens de la campagne à des actes de violence et d'usurpation; mais les grands propriétaires réclamèrent et exercèrent le droit particulier de la vengeance : il s'ensuivit des animosités et des guerres civiles qui désolèrent tous les états de l'Europe. Les seules places sûres étaient les villes de guerre fortifiées; tout le reste du pays était habité par des paysans malheureux et sans défense, comme sans énergie et sans caractère, assujettis à la corvée ou à l'esclavage de certains travaux pour leurs seigneurs. Déplorables résultats d'un même système de féodalité et d'oppression tellement accablant, qu'il ne leur restait pas le moyen de jouer le moindre rôle ou d'exercer la moindre influence dans la nation. Il n'y a, en effet, que l'émulation qui puisse stimuler les hommes et les rendre aptes à atteindre un but si précieux. Rien, dans dans la classe des cultivateurs, ne pouvait inspirer ou satisfaire un sentiment d'orgueil. Seuls, les soldats étaient respectés et considérés : ils donnaient le ton à tout le monde en France; les villes avaient à peine un commerce et rarement on s'y occupait des arts; elles étaient remplies de la domesticité et de la suite des princes et des nobles, portant leurs livrées, et nourries aux dépens du peuple, que ces maîtres traînaient après eux à la guerre, pour augmenter la magnificence de leur cortége, dont ils tiraient d'autant plus vanité que le nombre des esclaves le composant était plus grand.

A cette époque, les manières des Français, ainsi que leur goût, étaient loin d'être formés; ils ne s'occupaient, comme les Anglais, que de la vie de campagne; la mode gouvernait les habitans des villes, et les nobles, ainsi que leur suite, faisaient eux-mêmes la mode; la guerre était la seule chose qui occupât les esprits, et en temps de paix, c'était encore le sujet des conversations.

Quand Louis XI abaissa la noblesse de France et établit une armée permanente, sa sagacité lui fit penser que la disposition du caractère français pourrait être employée comme moyen de tenir la nation soumise à ses volontés; ses successeurs entretinrent cette disposition à placer l'honneur dans les armes, comme la base et la sauvegarde des principes de la monarchie; aussi la noblesse méprisait-elle le commerce, et l'artisan le plus ingénieux et le plus distingué n'était-il à ses yeux qu'un homme du peuple, qu'une partie de la populace.

Nous le répéterons encore : le métier des armes était le seul considéré ; un homme de fortune ne pouvait en quelque sorte éviter de servir, ou au moins de faire une campagne ; et quant à la noblesse française, elle conserva cet esprit chevaleresque de galanterie et de valeur en même temps, qui ne recherchait que le danger : on en a eu la preuve dans les croisades. Du reste, cet esprit s'effaça successivement, et quand il vint à s'éteindre partout, il se conserva seulement encore en France.

La révolution éclata sans que, pour cela, cet esprit chevaleresque en fût atteint. Il sembla même au contraire se ranimer dans cette circonstance ; tout ce qui était militaire devint sensible à l'honneur comme au courage, qui est si naturel à ceux qui suivent la carrière des armes en France, qu'il est pour eux un véritable brevet de noblesse.

Cette émulation nouvelle conduisit, par l'ardeur qu'elle suscita, à la prise de la Bastille ; réunit une garde nationale bien organisée, et répandit son feu électrique par toute la France. Les chefs de cette révolution, aussi capables de diriger le mouvement qu'habiles à exciter l'enthousiasme populaire, profitèrent de cette énergie pour créer des armées ; et après avoir renversé la monarchie, ils commencèrent par diriger les forces de la France vers une guerre contre l'Autriche. Cette guerre, comme il avait été facile de le prévoir, mit toute la puissance de la France dans les mains de ces chefs, qui déjà avaient un ascendant complet sur l'opinion publique. Jamais on n'a vu, dans l'histoire du genre humain, une influence si bien combinée et aussi entière. Robespierre tenait la France dans ses mains comme une machine; il s'en servait comme d'une arme, tandis que l'empereur d'Autriche et le souverain de la Grande-Bretagne, que les Français appelaient despotes, pouvaient à peine disposer d'une portion des revenus et de quelques parties de la force armée de leurs états.

Mais la manière dont ce despotisme gigantesque a été employé, démontre clairement le sentiment populaire d'où il émanait, et le but qu'il se proposait par les efforts de son ambition.

Les sauvages reçoivent cette dénomination du caractère de leurs besoins et de leur férocité, exclusifs de tout sentiment de sympathie nationale : la faim les rend chasseurs, la crainte et quelquefois l'esprit de vengeance peuvent les rendre guerriers, mais jamais le lien social. Dans une société régulière, au contraire, les hommes forment leur position du contact des uns avec les autres; le besoin général est ressenti par chaque individu qui, cependant, pris comme tel, n'y a aucune influence. L'homme cesse d'être isolé, il modifie ses désirs et ses sentimens selon les rapports qu'il peut avoir avec le corps national dont il est membre. La classe de la société qui jouit de plus de considération est celle aussi que l'on cherche le plus à imiter. Or, déjà nous avons dit que ni les artisans ni les négocians ne pouvaient prétendre à cette considération, et qu'il n'y avait que les militaires auxquels elle était dévolue.

Ces dispositions étant celles de la nation, il est certain que le gouvernement ne pouvait s'y opposer sans perdre en un seul instant toute l'affection populaire qui lui avait été acquise. Une politique étroite dominée par la guerre, soit avec l'Autriche, soit avec l'Angleterre ou toute autre puissance, aurait déconsidéré les chefs du gouvernement ; choisis qu'ils étaient dans la plus basse classe du peuple, ils auraient été accusés d'avoir des intentions aussi viles que leur naissance, et auraient été déclarés indignes de gouverner une république, dont tous les citoyens réclamaient le même rang que les nobles les plus fiers de leur noblesse, par cette conviction que montrer le même courage que la classe militaire était se placer au même niveau qu'elle. Tout, dans la société, réclamait l'égalité, et cette dépréciation des rangs produisait l'élévation des l'esprit national. Les Français se regardant tous comme des souverains, et pensant que leur pays, en déployant son énergie, avait aussi augmenté sa puissance, ils brûlaient du désir de prouver aux rois confondus et étonnés, à ces rois qu'ils haïssaient tant, surtout celui d'Angleterre, ce que valait désormais leur nation rajeunie. Pour eux, leur nouvelle liberté était une nouvelle condition, la plus élevée de toutes, celle que constitue l'état militaire; et ils avançaient que leur nouvelle dignité ne serait solide et certaine que quand la France aurait développé tous ses moyens en inspirant l'étonnement et la terreur, de manière à forcer les souverains au silence, et leurs sujets à l'admiration. Quel triomphe pour le républicanisme! quelle caution pour le système d'égalité!

Il n'est pas de la nature des choses humaines qu'une impulsion populaire n'amène pas à un acte décisif; plus cette impulsion est grande, forte et surprenante et plus l'action se prolonge. Toutes les démocraties sont des gouvernemens de passions : elles ne peuvent exister en repos; on ne saurait les maintenir dans une juste modération de principes; rien ne les arrête dans leur progrès, ni la destruction, ni la désolation. Il faut qu'elles nivellent tous les obstacles qui voudraient s'opposer à leur marche : semblables à ces torrens qui, se précipitant des montagnes, ravagent tout ce qui se trouve dans les plaines sans qu'ils rencontrent de digues pour les contenir.

Une des causes auxiliaires de la passion militaire des Français n'a pas été convenablement remarquée ; il est néanmoins important de ne pas l'oublier. Les Anglais, leurs rivaux, ont toujours pensé avoir le droit de se dire nation libre ; mais les Français croient n'avoir rien à leur envier en fait de liberté, car la vanité ne perd pas ses droits. Ils disent : nous sommes la première des nations ; les Anglais, si fiers de leur liberté, seront forcés de nous craindre et de nous redouter. L'orgueil stimulé par l'émulation, et entrevoyant la dégradation et l'esclavage sous un maître absolu, devient encore plus fort quand il porte ses armes et observe ses trophées. Cette idée semble transformer chaque Français en autant de géans, et leur donne l'idée que la France seulement a été peuplée par la race d'Anah.

Toute cette ferveur militaire, avec sa force et son aveuglement, a passé, par l'effet de la révolution, dans ce qu'on appelle la *bourgeoisie*, qui, désirant se voir anoblie, n'a pas vu de meilleur moyen d'y parvenir que d'acquérir les distinctions militaires.

Conformément à ce principe, le premier pas

de la révolution a été la formation de la garde nationale et l'établissement des bataillons de vétérans ; alors l'orgueil s'éveilla et pénétra tous les cœurs avec un mélange d'amour-propre et d'amour de la liberté, qui désormais devenaient inséparables.

A peine la révolution avait-elle commencé à attirer l'attention de chacun, que tous les Français en particulier sentirent le désir de porter ce titre jusqu'à la prééminence, comme le faisait la nation elle-même. Chacun voulut en conséquence être plus libre que les peuples libres, plus qu'un Anglais ou qu'un Américain, par le motif que chacun se croyait plus brave et plus policé.

L'opinion générale des Français fut que l'amitié des peuples qui leur ressemblaient sous le rapport de la liberté, était un droit acquis, une dette pour ainsi dire, et que par contre c'était également pour eux un autre droit acquis que la soumission de ceux qui leur étaient inférieurs en force et en courage. La haine qu'ils supposaient que les rois devaient leur porter pour avoir fait une république, le mépris avec lequel ils admettaient que ces rois devaient les regarder pour avoir choisi leurs chefs dans la classe la plus vile, tout cela stimulait encore leur vanité nationale, et les portait à réclamer que leurs droits fussent reconnus comme incontestables. Ils regardèrent la France comme appelée à devenir un vaste théâtre sur lequel on devait étaler avec profusion tout le luxe des décorations, et dont les acteurs devaient inspirer l'étonnement et commander l'admiration à tel point que tous les citoyens arrivassent à dédaigner le passé et conséquemment à méconnaître leurs anciens devoirs.

La révolution fut un de ces événemens rares et imposans, qui prennent leur origine dans les causes morales de l'agitation du genre humain; une puissance formidable détruisant les formes et l'essence des corps politiques, disséminant, dans ses progrès, cet esprit d'activité qui avait été l'aliment caché de son existence, et le réduisant à n'être qu'à peine un moyen préservateur de la corruption. Mais tandis que toute la France suivant le cours de ses dispositions ardentes, au milieu des exagérations et de l'enthousiasme, donnait des noms imposans aux choses, et exerçait un despotisme jusque-là inconnu et jamais défini, soudainement les chefs populaires se trouvèrent investis d'un nouveau pouvoir qui semblait avoir quelque chose de miraculeux. Ils se trouvèrent à même de porter la nation hors de son territoire, comme un géant enivré, ou comme ces éléphans de guerre, qui renversent l'ennemi et l'étouffent sous leurs pieds pesans sans paraître lui faire aucune blessure.

L'esprit de la révolution, pareil à celui des croisades, est fier et audacieux ; pareillement aussi il faudra plusieurs siècles pour l'apaiser. C'est une puissance prodigieuse à laquelle la monarchie ne saurait résister, et que les chefs de la démocratie militaire ont successivement, mais en vain, tenté de diriger.

Cela peut paraître un paradoxe aux yeux de mes lecteurs, de dire que tant de force est restée au parti populaire, dans un pays aussi despote que la France ; mais on doit savoir que le despotisme lui-même rencontre néanmoins dans sa carrière un point où s'arrête sa force contre une autre force invisible, insaisissable, mais qui n'en est que plus redoutable : *l'opinion publique*. Le grand seigneur gouverne la Turquie à l'aide de la superstition, plutôt que par ses janissaires ; en France, où tout est soumis aux nouveaux chefs, ceux-ci sont bien forcés, en gouvernant, de ne jamais perdre de vue cette opinion publique et de la ménager pour parvenir à exécuter leurs projets. La vanité nationale a été le grand moteur employé pour cela, et chaque nouvelle série de tyrans a successivement pris l'engagement de l'exalter encore. Ils ont complétement tenu parole !

Il est très-problable que les gens supérieurs, en France, ont reconnu qu'ils ne possédaient pas la liberté, et qu'ils n'étaient pas en mesure de l'obtenir ; mais ils se faisaient assez illusion pour croire que l'on pourrait y parvenir , et c'était pour eux une consolation suffisante. Les Français pouvaient s'habituer à l'idée de n'être pas des conquérans ; leur désir de la liberté pouvait se diriger , jamais leur vanité. Aussi , avec quel enthousiasme se glorifiaient-ils de leurs efforts pour chasser l'ennemi, qui, en envahissant le territoire de la république, l'avait profané ; mais pendant qu'ils proclamaient ainsi leur gloire, ils oubliaient que la tyrannie qui les faisait combattre, était plus odieuse et plus sanguinaire que ne pourra jamais l'être aucune autre de celles qui peseront sur la terre ; ils supportaient les impôts énormes, la déception du papier-monnaie, la famine, la tyrannie enfin sous toutes les plus horribles formes, non-seulement avec patience, mais encore avec une sorte d'ardeur, et trouvaient tous ces maux compensés en se disant que la nation française faisait l'admiration et la terreur de l'Europe. Aussitôt que la morale et la religion n'existèrent plus, l'industrie fut éteinte, tout fut anéanti ; la vanité seule triompha ; fêtes et banquets se suivirent sans relâche, et l'on ne vit plus que profusion dans les choses comme dans les idées.

Parmi les changemens continuels que cet état de choses entraînait dans le gouvernement de la France, les chefs cherchaient à se servir de cette vanité nationale, en promettant des agrandissemens de territoire, comme résultat de la gloire de la France, et comme signal de la vengeance envers ses ennemis.

Cette continuité de la même maxime de politique pour un pays dont les chefs étaient souverains,. pendant quelques mois seulement, peut paraître bien surprenante; mais Sparte a conservé à peu près le même caractère pendant sept cents années, nonobstant les violentes révolutions qui s'y succédèrent; et Rome a agi d'après les mêmes principes, en se reportant sur la force du sentiment national, de telle sorte qu'elle ne pouvait plus exister que comme conquérante et maîtresse du monde entier. Cependant Rome changeait annuellement ses consuls; mais la diversité de ses magistrats s'effaçait sous l'uniformité sociale , et se fondait dans la force de l'état.

Dès le commencement du gouvernement populaire en France, la vanité nationale fut excitée encore par les basses flatteries des démagogues et par les jacobins de tous les pays civilisés. Des adresses, provenant des clubs et de sociétés incendiaires , étaient envoyées de toutes parts et reçues à la barre de la convention. Cette assemblée était comme un autre sénat romain, siégeant judiciairement pour entendre les plaintes de toutes les nations et pour diviser le monde. *Anacharsis Cloots* se présenta, et harangua l'assemblée au nom du genre humain. En novembre 1792, l'indépendance des états de l'Europe fut attaquée par le décret qui déclarait que la France prendrait sous sa protection les rebelles de tous les pays contre leurs gouvernemens respectifs. Les admirateurs de cette extravagance, après avoir essayé en vain de justifier ces principes outrageans pour le genre humain, cherchèrent à y rattacher un motif : ils dirent qu'on n'avait pas l'intention d'exécuter le décret à la lettre; et quand bientôt la conduite de la France vint démentir cette interprétation, ils dirent que ce décret avait été adopté dans un moment de violence et de confusion, mais qu'il avait été positivement révoqué. Toutes ces différentes périodes ont été effrayantes et empreintes d'un mépris pour les droits et les opinions de l'espèce humaine plus marqué que celui qu'affectaient les Romains. Ce fut alors que Grégoire, dans un rapport à l'assemblée sur les lois des puissances qui prétendaient vouloir annuler ce décret, dit que l'application des principes qu'il venait d'exposer, était le droit des nations dont les gouvernemens reposent sur les droits de l'homme. La meilleure preuve, au surplus, que la France n'a jamais renoncé à ce décret, c'est qu'elle y a constamment adhéré de fait.

Il paraît toutefois, d'après les écrits de Brissot et autres, que la France, ainsi que Rome, avait reconnu qu'il était plus nécessaire de diriger à l'extérieur l'esprit turbulent de sa population que de s'exposer à des dissensions intestines. Et à ce sujet, l'opinion des démocrates est que si on est allé aussi loin, c'est que la France était attaquée par une coalition royale, jalouse de son système républicain. Le fait est que les Français ont commencé la guerre en Flandre contre l'Empereur, à un moment où ses villes étaient sans garnison, les fortifications à moitié détruites, et les troupes inoffensives dans leurs paisibles cantonnemens.

Avec une telle rage de la part de la France, et avec une telle furie de tourner les passions populaires contre l'Empereur et le roi d'Angleterre, il était impossible de conserver la paix. Quand une rue entière est en feu, un homme peut-il rester tranquille sur la porte de sa maison en disant : ma maison est bâtie en briques ; que celle de mon voisin brûle et, après, tout sera fini.

La conflagration de tout ce qui était combustible en France ne pouvait laisser les autres pays en paix. Or, comme la France ne peut ni ne veut changer son caractère politique, l'Europe ne peut plus désormais jouir de la tranquillité ni du repos. Un pays aussi vaste est un brasier d'ambition, quand surtout l'esprit militaire conduit au pouvoir. Beaucoup de pays peuvent tenter un conquérant, et un seul, l'Angleterre, a la force et les moyens de lui résister.

Déjà nous avons dit que l'esprit qui prévaut en France est un penchant prononcé pour l'état militaire. L'excès de cette passion avait mis le gouvernement à même de maintenir la tranquillité aussi profondément que s'il n'y avait pas eu de guerre. Les Français éprouvèrent la tyrannie dans Paris, l'oppression dans les provinces. Toute espèce de commerce, tout crédit furent anéantis ; tout attestait à l'intérieur la détresse de l'esclavage et la ruine. Mais arrivait-il une victoire , la France était en fêtes, et toutes ses souffrances étaient oubliées.

C'est réellement une scène digne du grand drame joué par Rome que celle donnée alors en spectacle au monde par la France. Comme sa devancière , on la vit non seulement conquérir tous les états qu'elle convoitait , mais encore se servir des pays conquis comme d'instrumens pour effectuer d'autres conquêtes. Telle était la politique des Romains, employant leurs faibles ennemis pour détruire ceux plus puissans.

Il n'y a , pour ainsi dire, pas un seul acte de la politique romaine que les Français n'aient servilement imité ; et si l'Angleterre eût été une république comme l'était Carthage, il y aurait eu dans son sein une faction dévouée à la France, et assez forte pour la soumettre à l'esclavage. La chute de l'Angleterre aurait anéanti jusqu'à la moindre espérance de recouvrer l'indépendance de l'Europe, et une nouvelle servitude romaine se serait répandue sur le monde civilisé. Les États-Unis seraient exposés à de nouveaux dangers, et les factions releveraient la tête avec une nouvelle audace en comptant sur l'aide de la France.

CHAPITRE IX.

Des ressources d'un gouvernement libre et stable, mises en opposition avec celles d'un gouvernement révolutionnaire

---

Nous savons ce qu'ont produit en France les essais qu'on y a faits des principes métaphysiques, en apparence les plus purs, et qui cependant contrastaient d'une manière si surprenante avec les mœurs de la nation. Ces théories, faites pour des anges, on a voulu les adapter à l'usage d'une multitude que l'on a vue, lorsqu'elle fut appelée à se gouverner elle-même, mériter à peine le nom d'hommes. En imprimant jusque sur des mouchoirs de poche la fameuse déclaration des droits de l'homme, on s'est imaginé qu'elle serait à la portée des gens qui ne savent rien comprendre. Cette déclaration, quand elle fut votée par la convention, fut cause que l'on sacrifia les biens et la vie d'un homme qui avait osé dire que les droits qu'elle proclamait n'étaient pas légalement établis.

C'est sur de pareils fondemens que Condorcet annonça hautement aux poissardes et à la populace du faubourg Saint-Antoine, disciple qu'il était de la nouvelle école philosophique, que la France s'était donné le meilleur des gouvernemens possibles, et que *la liberté était désormais immortelle*.

L'expérience nous a montré, et de toutes les leçons c'est sans doute la plus profitable, que tout gouvernement qui n'agit que par l'impulsion populaire, que tout acte qui tend à exciter, plutôt qu'à modérer les passions de la multitude, n'est que despotisme. Un tel gouvernement dans son but, moins encore dans ses progrès, n'est jamais LA LIBERTÉ. Autant vaudrait-il supposer que le poignard d'un assassin répande dans le cœur qu'il frappe un baume salutaire, ou que les ossemens que la tombe a dévorés doivent être rendus à la vie revêtus d'une vigueur éternelle. Ne serait-il pas plus raisonnable, pour se préserver d'illusions semblables, de jeter quelque-

fois les yeux sur la tombe de la liberté française?
On pourrait, en méditant l'épitaphe mensongère
de ce tombeau, en retirer quelque sujet d'enseignement.

La grande contestation qui existe entre la France
et l'Angleterre démontre la stabilité des ressources
d'un gouvernement libre et l'insuffisance ruineuse
des moyens révolutionnaires.

La France et l'Angleterre sont des nations du
premier ordre; il est évident que toutes les autres
ne jouent auprès d'elles qu'un rôle secondaire
et subordonné. Le Français adopte cette opinion
et compare la France à Rome, l'Angleterre à
Carthage. Si cette comparaison était exacte, l'Angleterre serait appelée à succomber dans la lutte;
mais le gouvernement anglais est plus stable que
ne l'était celui de Carthage, et par conséquent
les factions y sont moins virulentes et plus impuissantes : ajoutons que sa supériorité sur mer
est plus positivement établie que ne l'était celle
des Carthaginois. Chez les anciens, l'art de la
navigation était encore dans son enfance, et les
nations qui l'entendaient le mieux étaient loin
d'en tirer un grand avantage. Duillius, consul
romain, gagna une bataille navale avec une armée
de terre, par la raison que les vaisseaux manœu-
vrant à la rame abordaient franchement leurs antagonistes, et qu'une fois fortement accrochés l'un

à l'autre, les choses se passaient comme à terre entre des corps de troupes qui se rencontrent. Puisque telle était la marche des choses, on ne doit pas être étonné de ce que les Romains qui, sans contredit, étaient les meilleurs soldats du monde, aient obtenu la victoire sur les mercenaires de Carthage. Il n'en est pas de même entre la France et l'Angleterre : les marins anglais sont si supérieurs aux marins français par leur constant exercice dans la navigation, que ne n'est plus le nombre, mais l'art de cette navigation qui détermine les succès. Souvent il arrive que la quantité d'hommes à bord des vaisseaux français est plus nuisible qu'utile, et c'est peut-être là la cause pour laquelle il est peu de rencontres sur mer dont les Français se soient tirés avec avantage. La Grande-Bretagne jouit donc d'une supériorité durable par son commerce, qui lui donne de bons matelots; mais, pour que l'industrie et l'esprit d'entreprise favorisent ce commerce, il faut avant tout qu'il existe un gouvernement stable et durable. La main de l'homme est mal assurée quand il peut craindre que le fruit de son travail ne soit mis au pillage comme en France. Il faut encore un siècle ou deux pour que cette nation soit débarrassée de ses tyrans militaires et de son esprit révolutionnaire. Jusque-là, sa prospérité sera toujours précaire et son pouvoir maritime ne se développera, comme il arrive en Turquie, qu'en forçant les premiers venus à devenir marins. Mais avant, le despotisme aura dévoré les fortunes et les hommes, et c'est en vain qu'il essaiera d'exciter l'énergie spontanée de l'industrie et du commerce, qui ne fleurissent qu'à l'abri d'un gouvernement libre et stable. Ajoutons aussi que l'emploi de la puissance maritime a aujourd'hui de plus grands résultats que dans les temps anciens. En effet, il n'est pas de nation qui ne soit actuellement vulnérable dans son commerce et dans ses colonies, et la ruine de celles-ci amène nécessairement un déficit dans les revenus de la mère-patrie et paralyse conséquemment les ressources pour la guerre. Il est certain que, quand la France a affecté de se comparer à Rome, elle n'a pu trouver dans l'Angleterre un terme de comparaison avec Carthage. Ce n'est pas dans l'esprit militaire de son peuple que l'Angleterre s'est trouvée inférieure à sa rivale; Carthage, au contraire, était tellement déchirée par les factions, qu'il lui était impossible de former une bonne infanterie parmi ses citoyens, et qu'elle était forcée de la recruter chez les étrangers; quant à sa cavalerie, dont le service était aussi honorable que celui de l'infanterie l'était peu, elle était excellente et si supérieure à celle des Romains, que les cavaliers numides sous Annibal gagnaient toutes les batailles en rase campagne.

Carthage était riche et l'Angleterre l'est encore plus; Carthage se disait libre, l'Angleterre l'est réellement : et si le gouvernement anglais eût été une démocratie ou un pouvoir despotique, il aurait été, dans le premier cas, brisé en mille pièces par les factions; dans le second, par la France, dès les premières années de la guerre. Il n'y a que les gouvernemens libres qui puissent être stables, et dans la démocratie pure il n'y a pas de liberté.

Quant aux ressources, l'Angleterre semble n'avoir rien à desirer. La France, au contraire, est beaucoup plus près de sa ruine par l'effet de sa révolution, comme l'Espagne par l'orgueil et la paresse de son peuple, que ne l'est l'Angleterre par l'effet des guerres qu'elle a eues à soutenir. C'est un grand malheur pour une nation d'être obligée d'employer toute son énergie pour se préserver de la fraternité française; mais ce serait un malheur mille fois pire que d'être forcé d'y succomber.

La France, dans le commencement, se servit des moyens révolutionnaires, ou, en d'autres termes, de toutes les ressources de la violence. Tandis que l'Angleterre fixait, non sans peine, ses impôts et son revenu, sa rivale, par un simple décret, s'emparait du capital; ce capital était vendu à des acquéreurs révolutionnaires qui bientôt, pour la plupart, en étaient dépouillés à leur tour par d'autres, sur la seule et vaine accusation de royalisme. Telle était la source, l'horrible source où puisait la France.

On pouvait donc supposer qu'elle était, de toutes les nations, la plus riche, puisque son gouvernement pouvait tant dépenser en attaquant successivement les nouveaux possesseurs des propriétés qu'il saisissait et vendait à son profit, aussi souvent que les besoins de la liberté pouvaient l'exiger.

Un décret formel déclara que toutes les propriétés en France étaient en *état de réquisition.* La population entière fut elle-même mise en réquisition pour servir; et quiconque refusait ou sa personne ou son bien, voyait sa propriété confisquée ou était frappé de mort. Jamais le despotisme oriental ne fut porté plus loin et exercé avec plus de rigueur; mais heureusement la violence n'est jamais qu'une ressource momentanée: c'est un feu qui brille plus qu'il ne consume.

CHAPITRE X.

Appel au patriotisme contre les projets des destructeurs.

—

Bien des gens paraissent désespérer du salut
de l'état. Il est évident, disent-ils, qu'une administration jacobine a déjà pris racine. S'adresser
aux passions populaires, prétendent-ils, est un
moyen presque toujours sûr, et qui, fût-il même
rejeté, entraîne avec lui une certaine faveur.
Tandis que les vrais amis de la liberté se reposent sur le bon sens du peuple, les jacobins,
eux, en appellent à leur utopie avec un certain
avantage ; ils s'annoncent comme étant seuls les

amis dévoués de ce peuple ; leurs erreurs, en supposant qu'ils puissent jamais errer, ils s'en justifient par la bonté de leurs motifs, et cela, d'un ton et d'une manière qui leur ménagent de nouvelles tentatives de déception. C'est par de tels moyens que ces charlatans populaires viennent à bout de fatiguer leurs adversaires, et que, revenant sans cesse à la charge, ils finissent par ténacité à atteindre leur but

Mais, demandera-t-on, que faut-il faire ? Nous avons un peuple éclairé, loin d'être pauvre et conséquemment intéressé à contenir le jacobinisme, qui ne cherche que pillage et confusion, et cependant la partie la plus éclairée de ce peuple est en général indolente ou ambitieuse, s'aveugle sur les causes de cette confusion et agit de telle sorte, qu'on la regarde comme impopulaire, parce qu'au fait elle ne se soucie pas du peuple. Ce ne sera donc pas par le bon sens, par la vertu et par le discernement, que la nation sera gouvernée ; mais bien par ses propres vices, par sa pauvreté et son ambition.

Nous étions dans l'erreur : nous n'avons pensé seulement qu'à ce qui devait être caché, et nullement à ce qui devait être fait. Nous avons pensé que la vertu riche des brillantes récompenses avait un pouvoir suffisant, et que ses charmes sans nombre devaient procurer un nombre encore plus considérable de votes. Hélas! nos vaines illusions ressemblent aux brillantes couleurs de la bulle de savon! Les politiques ont supposé l'homme tel qu'il devrait être, conduit par la seule raison et hors de l'atteinte des passions et des préjugés ; mais, chez les hommes, la raison n'est qu'un fantôme ; la modération que l'absence du zèle, et la corruption remplace dans sa main l'arme de la justice. La raison populaire ne sait pas toujours comment atteindre le vrai, et quand elle y parvient, elle ignore les moyens de s'y maintenir. Les agens qui font agir les politiques, ce sont les passions populaires qui, par la nature seule des choses, sont à la disposition des brûlots de la société; ceux, au contraire, qui cherchent à défendre l'ordre, la propriété, le bon droit, en un mot les vrais amis des lois et de la liberté, ont beaucoup à faire pour imposer silence à ces mauvaises passions. Mais ils n'ont rien à leur offrir pour les satisfaire, rien qui puisse convaincre un sans-culotte et lui faire admettre que ses vices, son ignorance, sa paresse ne peuvent lui donner que la pauvreté; surtout quand, de son côté, le démagogue lui dit que c'est l'amortissement et le système de modération qui le rendent pauvre, tandis que la révolution dans tout son développement l'aurait rendu riche. Peu de gens, en général, savent raisonner, mais tous peuvent sentir. Lors donc que l'on voit les passions populaires appelées à gouverner, la raison réduite au silence et sa parole méprisée, quel espoir peut-on avoir que la voie dans laquelle nous marchons ne nous entraîne pas rapidement à une catastrophe commune? Il en sera de même de tous les gouvernemens dirigés par l'impulsion populaire : bientôt ils seront engloutis dans l'abîme. Suivez le chemin que l'histoire a parcouru, et comptez, si vous le pouvez, les tombeaux des victimes qu'ont faites les passions des peuples livrés à eux-mêmes.

S'il est écrit que notre gouvernement est destiné à succomber sous les coups violens d'une administration jacobine, que du moins notre monstrueuse faiblesse ne soit pas seule coupable de cette œuvre de malédiction, et que cette solidarité cruelle retombe tout entière sur la tête des jacobins ; que les amis sincères de la constitution s'attachent à elle dans ces derniers momens, aussi long-temps que tout espoir ne sera pas perdu ; que leurs efforts la soutiennent même alors qu'elle sera expirante ; qu'ils entourent le corps de Patrocle pour célébrer sa mémoire ; qu'ils reculent du moins le moment fatal, s'ils ne peuvent le prévenir. Leur désespoir ne ferait qu'augmenter le mal et rendrait tout remède insuffisant. Le temps qui calme toutes les douleurs ne nous sauvera pas néanmoins, si nous laissons échapper les moyens qui nous restent. Mais quels sont ces moyens? La vérité, sans doute, et le raisonnement. Ce sont, j'en conviens, de faibles armes, qui peut-être même viendront s'émousser contre les préjugés et les passions des hommes; n'importe, employons-les, puisque ce sont les seules qui nous restent. Pour nous, c'est la bouée de sauvetage.

Les meneurs de ce complot de confusion sont en petit nombre : leur union en est plus facile, mais ce n'est qu'une coterie d'hommes désespérés. Personne au monde ne méprise plus qu'eux la démocratie; personne n'est plus disposé à former des plans d'agrandissement. Cependant, comme ils ont besoin de cette fraction de la démocratie, dont les membres sont moins nombreux et plus recommandables, ou plus en crédit que les jacobins, ils se trouvent forcés de s'en servir. Ils les flattent et les trompent, mais c'est dans le but de les trahir après, comme Cromwel et les indépendans ont trahi les Presbytériens.

La seule question qui reste est donc de savoir combien de temps encore nous resterons dans cette voie révolutionnaire, et si nous pourrons nous arrêter sur le penchant de l'abîme où nous pousse la furie révolutionnaire? Nos assaillans sont les plus faibles : nous avons des moyens de défense plus grands que ceux que possédaient les premiers patriotes de France. Que les gens de cœur, au lieu de s'expatrier comme les émigrés français, laissant leurs biens à la merci de l'ennemi, restent parmi nous, et qu'ils se servent de leurs talens et de leur influence pour sauver le pays. Des événemens imprévus ne peuvent-ils pas faire échouer les projets du jacobinisme? Il est donc essentiel que nos concitoyens ne restent pas, comme malheureusement nous sommes fondés à le craindre, ensevelis dans un sommeil léthargique. Qu'ils se réveillent, et dès lors nos ennemis ne sauraient mener à terme leur œuvre de malheur.

CHAPITRE XI.

Conseil de la prévoyance.

—

Les événemens peuvent élever et étendre les États, mais les lois fixes, qui maîtrisent les actions et les passions des hommes, peuvent seules déterminer leur progrès et leur sort. Nous apprenons, par la lecture de l'histoire, à préjuger ce qui doit arriver en voyant ce qui a été. L'expérience peut nous donner les meilleures leçons. Le passé peut nous montrer ce que doit être l'avenir; sa voix doit être écoutée, mais sommes-nous disposés à lui prêter une oreille attentive?

15

Loin de là, nous semblons nous endormir dans un sommeil mortel, et l'expérience est perdue pour nous.

A Rome, les plébéiens eurent long-temps la prétention d'avoir part aux places les plus importantes ; ils finirent par les obtenir : et cependant les choix de ces mêmes hommes portèrent toujours sur les citoyens les plus recommandables parmi les patriciens, et rejetèrent les tribuns qu'ils n'estimaient pas. Ici, nous voyons nos tribuns triompher. Le peuple aurait-il donc perdu sa moralité, puisque c'est à ceux qui sont connus pour n'en pas avoir qu'il accorde ses votes ?

Les Romains ne perdirent totalement leur liberté que quand la morale et la religion furent bannies de Rome ; mais aussitôt que les *Thomas Paine* du temps, et ceux qui les prenaient comme champions de la presse, eurent introduit les doctrines d'Épicure, les Romains devinrent aussi corrompus que le sont les Français d'aujourd'hui, et aussi éhontés que les prétendus patriotes de notre pays, qui aspirent au pouvoir. Petit à petit l'administration se trouva dans les mains de la populace de Rome tant que les votes eurent lieu par centuries. La propriété, toutefois, conserva son influence et se défendit d'elle-même ; mais à la fin la doctrine du suffrage universel prévalut, et l'on vit non seulement la population de Rome, mais celle de l'Italie et des nations conquises s'y porter en foule :

In Tiberim defluxit Orontes.

Rome n'était plus dans Rome ; il en était alors ce que nous voyons pour nos patriotes favoris du jour ; c'est à peine si nous pouvons reconnaître parmi eux nos concitoyens. Le sénat romain était anéanti. Ce n'étaient plus les propriétaires qui gouvernaient ; chaque assemblée semblait gouverner le monde, et toutes étaient dirigées par les hommes les plus vils.

Ainsi l'on voit en tous temps les passions et les vices des hommes agir de la même manière.

Nous jouissons de la liberté (du moins il en était ainsi jusqu'à ces derniers momens) à un aussi haut degré que jamais pays ait pu l'obtenir.

C'est donc avec une véritable terreur que nous voyons les tentatives de destruction essayées au milieu de nous depuis trois ans. Notre devoir est d'espérer et d'attendre notre sécurité de l'avenir. Nous ne croirons jamais que la faction qui a le dessus soit un de ces accidens auxquels sont soumises les destinées humaines. Les démagogues ont dû mettre à profit notre première apathie ; mais enfin nous sommes debout aujourd'hui, brisons leurs liens de *liliputiens*, dans l'espérance

que les jacobins se diviseront entre eux, et que
*** et les siens fourniront assez de preuves pour
convaincre leurs complices. Mais, hélas! nous
nous laissons aller à notre première indolence,
et nous abandonnons au temps et à la vérité le
soin d'accomplir lentement, mais sûrement, leur
ouvrage sans notre participation. Nous chéris-
sons encore les théories qui flattent notre vanité;
nous nous obstinons à croire que des hommes
apporteront dans leurs actions politiques un
cœur exempt de passions, et qu'ils n'en seront
pas atteints précisément au moment où l'adresse
des tyrans ou le progrès des désordres publics
les auront exaltés jusqu'à la fureur. C'est alors,
et seulement alors, que la raison reprendra ses
droits, parce qu'alors seulement elle sera libre
de combattre l'erreur. Sa voix retentira au milieu
du silence pour apaiser le désordre, et la révolution viendra éteindre l'embrasement quand il
aura éclaté. Le tonnerre sera lui-même réprimé
et forcé au silence.

Telles sont les consolations que la folie offre à
la philosophie, et que la philosophie, sa fidèle
compagne, lui renvoie à son tour; mais la folie
s'en réjouit. Écoutez la chronique railleuse et l'i-
gnorance stupide, elles vous diront : Que crai-
gnez vous? nos affaires vont au mieux; le peuple
se réjouit, donc il n'y a pas de danger. Les se-

cousses de l'Etna ne les enleveraient pas à leur aveuglement (1).

Mais ceux qui ont des yeux pour voir sont forcés d'avouer que la marche de nos affaires est en rapport avec les lois fixes de la nature; le gouvernement que notre sagesse nous a donné, elle l'avait confié à nos vertus; mais nos passions s'en sont emparées et ont appelé nos vices à leur secours, pour maintenir leur usurpation : alors qu'avons-nous donc à faire? Resterons-nous encore dans l'inaction jusqu'à ce que tout ne soit que ruines autour de nous? Nous armerons-nous enfin, quoiqu'un peu tard peut-être, pour montrer, en combattant la faction jacobine, que si nous devons succomber, nous étions dignes d'un meilleur sort.

C'est à juste titre que nous considérons la condition de la liberté civile comme la plus précieuse à laquelle une nation puisse aspirer; mais quelle que soit son excellence, quelles que soient ses heureuses prérogatives, il a plu à Dieu, dans sa sagesse, de n'accorder ce bienfait qu'à un petit nombre d'habitans de ce monde : le reste ne dé-

(1) On peut assurer le lecteur, tel étrange que cela doive lui paraître, que rien n'a été changé à ce paragraphe des notes de M. *Fisher Ames*. Avec un peu de sagacité, il devinera, pourquoi ce passage requiert une semblable déclaration.

sire pas plus cette liberté qu'il n'est fait pour en jouir.

Nous avons raison de nous étonner de ce que les dons les plus précieux soient toujours accordés avec le plus de réserve ; peut-être pourrions-nous en conclure que le despotisme est la volonté de Dieu, puisque la plus grande partie de la terre gémit encore sous son poids. Mais, soit qu'on interroge l'histoire, soit qu'on étudie le caractère et les passions de l'homme, il est certain que l'esclavage est son propre ouvrage ; qu'il n'est pas condamné à porter sans cesse les chaînes qu'il a pu se forger lui-même ; nous verrons que la société ne peut subsister à moins que les désirs et les passions de l'homme ne soient soumis à un contrôle convenable. La juste proportion de ce contrôle et son application sont, il est vrai, un problème dont la solution ne peut être anticipée et n'a pas été rendue plus facile nonobstant les lueurs de l'expérience. Comment pourrait-on, en effet, rien arrêter de fixe à cet égard, quand on voit tous ceux qui ont quelque chose à défendre, comme ceux qui n'ont que leur vie à protéger, également mus par un même sentiment de conservation, non seulement acquiescer, mais encore se réjouir aux progrès de ces intrigues et de ces émeutes qui commencent par mettre tout en question et finissent par assurer la tranquillité de la société, mais au moyen de l'esclavage, résultat inévitable de leur répression. C'est ainsi qu'il arrive que, suivant le cours ordinaire des choses, auquel il est impossible de s'opposer, il existera tôt ou tard un contrôle et un gouvernement.

Il est certain aussi (et c'est ce qui est et doit toujours être) que là où il y a moins de contrôle, plus est grande la liberté, et que chez un peuple où les passions turbulentes sont réprimées, les mœurs et le bon sens des citoyens suffiront pour le gouverner.

On peut donc hardiment en conclure que les faux patriotes, ennemis de la constitution, qui, sous prétexte de leur amour pour le peuple, le maintiennent dans un état continuel de jalousie, d'irritation et de mécontentement, trompent indignement ce peuple, en se trompant eux-mêmes sans doute, sur la tendance de leurs principes et le but de leur conduite; car, au lieu d'alléger le poids du gouvernement et de resserrer la sphère de son pouvoir, ils ont reculé les bornes de son action en lui donnant un arbitraire illimité. Les passions du peuple ont été mises en mouvement jusqu'à ce que la raison, la vérité et les vertus que nous tenons de nos pères aient été sinon détruites, du moins cruellement altérées; il est naturel alors que ceux dont les mœurs et la conduite s'opposent à ce qu'ils gouvernent plus long-temps, soient à leur tour gouvernés par la force.

Il est cependant aisé de comprendre que le parti jacobin, soulevant les passions populaires, augmente infailliblement les pouvoirs du gouvernement en resserrant dans des bornes plus étroites et en affaiblissant les fondations des priviléges du peuple.

Le plus grand danger que puisse courir la liberté d'un peuple est l'aveuglement de ce peuple sur sa véritable position. Sa faiblesse peut souvent lui cacher le mal avant qu'il ne soit consommé et quand il n'est plus en son pouvoir de le prévenir; mais une nation puissante comme la nôtre ne peut être ruinée qu'autant qu'elle ne veut rien faire pour l'empêcher, et que son apathie ou son égoïsme s'opposent à ce qu'elle voie sa destruction approcher.

Notre sort ne nous est pas révélé par des signes miraculeux, par des météores, présage de grandes commotions, mais le tonnerre gronde sur nos têtes et la terre tremble sous nos pas.

CHAPITRE XII.

CARACTÈRE DE BRUTUS.

L'assassinat d'un tyran est toujours illégal et inutile.

—

Brutus a tué dans César son bienfaiteur et son ami, parce que César avait usurpé le pouvoir souverain. Brutus a donc un caractère admirable comme patriote, et son exemple doit être suivi tant que la liberté républicaine aura un ami ou un ennemi. — Tel est le langage de nos patriotes.

Cette espèce de raisonnement semble fait pour venger la réputation de Brutus, et même pour y applaudir. Cependant, combien peu ont imité son exemple. C'était, sans contredit, un homme d'une grande instruction, un philosophe fanatique; mais, dans l'action, il n'était pas comparable à l'impétueux Cassius. Ce fut ce dernier qui, parmi les conspirateurs, mit le plus de promptitude et d'énergie à tout disposer pour la guerre qu'il prévoyait bien devoir s'allumer après la mort de César. Brutus, dupe des artifices d'Antoine, s'endormit dans l'indolence et l'ennui, conservant une bien fausse illusion sur les vertus et l'énergie du peuple romain. Ce peuple venait de perdre un bon maître, il le pleurait : Brutus voulut le sommer de l'aider de ses efforts et de ses sacrifices : mais il le trouva sourd à sa voix, insouciant pour sa cause, et détestant le crime qu'il avait commis.

Avant la bataille décisive de Philippi, Brutus devint le seul chef par la mort de Cassius. Il avait sous ses ordres d'habiles généraux, entre autres Messala, un des hommes les plus distingués de cette époque; mais Brutus ne conserva pas long-temps sur son armée l'ascendant que de grands talens et la supériorité donnent dans les camps ou dans un jour de bataille. On doit donc présumer que ses soldats, en général excellens juges, avaient reconnu qu'il ne possédait pas ces qualités si importantes, car, malgré leur attachement pour lui, ils le forcèrent, peu de temps après, par leurs clameurs et malgré le conseil de sa prudence, à livrer la bataille dans laquelle il périt, et avec lui la république.

Quels que soient les doutes que l'on conserve sur les capacités politiques et militaires de Brutus, il ne peut y avoir qu'une opinion sur ses vertus. Il avait puisé ses principes dans ce que l'ancienne philosophie avait de plus noble, et ses actions furent toujours conformes à ses principes. Mais quel que grande que soit notre admiration pour les qualités qu'il possédait, il ne nous est pas permis de fermer les yeux sur l'action horrible qui a couvert son nom d'une honte ineffaçable.

Quoique la multitude soit toujours accessible à la flatterie et qu'elle aide souvent ses flatteurs à devenir ses tyrans, elle détestera toujours néan·moins les tyrans et la tyrannie, avec la même sincérité et la même violence. Ainsi, la mémoire de Brutus sera toujours consacrée comme champion et martyr de la liberté. Cette opinion passera d'âge en âge, tant que la multitude sera disposée à croire que ceux-là seuls sont ses amis, qui s'annoncent comme ennemis de ses ennemis.

Un honnête homme ne peut approuver l'assassinat ; mais il le détestera bien plus encore, quand la victime sera un ami, un bienfaiteur de l'assassin. Le seul doute à cet égard deviendrait une insulte. Jamais on ne saurait approuver l'hypocrisie qui, par un sourire amical, gagnerait la confiance d'un ami, pour l'assassiner ensuite avec plus de facilité. Cette idée révolte et glace le sang dans les veines : tel est cependant le portrait de Brutus. Ne serait-il donc pas plus juste de le vouer à l'exécration, et n'est-il pas aussi absurde que monstrueux de le présenter comme un objet d'admiration?

Mais, dira-t-on, ce n'est ni la haine ni l'ambition qui ont armé son bras. Eh! qu'importe que son motif ait été bon, son action n'en est pas moins mauvaise!

Tuer un tyran, n'en est pas moins un meurtre : c'est tuer un homme. D'ailleurs, Brutus, pour avoir exécuté le crime, ne pouvait pas raisonnablement croire avoir mis fin à la tyrannie : il n'avait rien disposé ni rien prévu pour cela. En général, les conspirateurs comptent sur l'amour de la multitude pour la liberté; ils aiment leur sûreté, les douceurs de la vie, leurs habitudes enfin; leurs amis les démagogues, y tiennent encore plus qu'eux. Ceux de Rome restèrent spectateurs paisibles, et laissèrent aux légions d'Antoine et d'Octave, ainsi qu'à celles de la Syrie, de la Macédoine et de la Grèce, le soin de décider s'il y aurait ou non une république. Ce fut au contraire un empereur qu'on se donna, et le peuple d'y applaudir sans murmure, parce qu'il voyait dans ce rétablissement, les jeux du cirque recommencer et l'abondance reparaître.

Ceux qui n'ont pas en eux la force de condamner l'assassinat d'un tyran, sont cependant obligés d'avouer que le sang de César fut répandu inutilement : la liberté n'y gagna rien et l'humanité y perdit beaucoup, puisqu'il lui en coûta dix-huit années d'agitation et de guerre civile, avant que l'ambition des chefs militaires et populaires fût complétement amortie, et que le pouvoir fût concentré dans une seule main.

Dira-t-on que l'exemple de Brutus a cela de bon, qu'il excite les ennemis des tyrans à l'imiter? Mais cette doctrine de l'assassinat est-elle capable de détruire l'horreur qu'il inspire? Devrait-il donc être consacré dans la morale politique, que le chef d'un état doit être sacrifié toutes les fois qu'un fanatique, un mécontent ou un réformateur se levera en l'accusant d'être un tyran? Alors il n'y aurait pas plus de sécurité dans le système de la liberté que dans celui du despotisme.

A-t-on des exemples que la mort d'un usurpateur ait jamais rétabli la liberté publique? Une usurpation qui réussit, fait naître une foule de prétendans au pouvoir; mais tous tombent, les uns après les autres, en s'entre-combattant. Dans une pareille agitation, la liberté perd amis, ressources, espérance. Que de sang ne fut-il pas répandu pendant les guerres de Marius jusqu'à la mort d'Antoine, durant cette affreuse période, qui se prolongea près de soixante ans et rendit désespérée la cause de la liberté! Non, ce n'est pas en détruisant les tyrans que l'on parvient à détruire la tyrannie; la nature ne s'est pas ainsi dépouillée du pouvoir d'en produire, et le sol des républiques est pour cela couvert de rejetons trop vigoureux. Le vrai moyen d'arrêter les démagogues dans leurs projets d'usurpation, c'est de chercher à éclairer et à relever l'esprit des hommes libres. Élevons des remparts à la liberté et sachons la défendre : quand le zèle de ses amis se refroidit, quand ils s'endorment sur le danger, il ne s'agit plus alors de savoir combien de temps ont encore à vivre nos ennemis; ce calcul seul les rendrait immortels.

Non, il n'est pas vrai de dire que l'action de Brutus, que l'on exalte tant, contiendra l'audace des tyrans. Et en effet, comme de toutes les passions la crainte n'est pas la moins cruelle, si de nouveaux tyrans ont à redouter un nouveau Brutus, ce n'est pas par la douceur qu'ils se laisseront conduire : c'est aux persécutions qu'ils auront naturellement recours. Ils se diront que la clémence de César lui a été fatale; ils augmenteront leurs forces, multiplieront les précautions, et leur terreur continuelle dégénérera en un système habituel de cruauté.

Nous avons donc le droit de dire que le caractère de Brutus est beaucoup trop exalté, et que la manie d'exciter à suivre son exemple est aussi horrible que pernicieuse.

CHAPITRE XIII.

L'extinction de la dette publique n'est pas moins impolitique
qu'injuste.

—

On a demandé si, dans la position difficile où
l'État se trouve, le gouvernement ne devrait pas,
sans hésiter, éteindre la dette publique. Les Jacobins sont même étonnés de ce que cette mesure n'a pas été prise plus tôt. Nous espérons,
nous, que le gouvernement anglais aura plus de
confiance dans l'esprit public de la nation et
qu'il résistera à l'idée d'annuler cette dette. Sans
doute, beaucoup de gens parmi nous aimeraient
mieux éteindre toutes les dettes publiques et

particulières du monde, que de compromettre leur popularité ; mais nous aimons à espérer que la nécessité seule pourrait déterminer nos gouvernans à attaquer une propriété mise depuis si long-temps sous la sauvegarde de la foi et de la morale publiques, et qu'ils ne souffriront pas qu'on retranche légèrement un seul obole des intérêts dus aux créanciers de l'État.

Il est vrai que la nécessité, raison ordinaire des tyrans, est aussi, quand elle existe, invoquée par les meilleurs gouvernemens. Il n'y a rien, dit-on, à lui opposer ; mais se décide-t-on à sonder cette nécessité, on découvre bientôt que ce n'est qu'une création imaginaire. Quoi qu'il en soit, si elle doit faire impérieusement la loi, il faut du moins démontrer son existence, et que si, par malheur, cette nécessité n'est que trop réelle, c'est alors un incendie, une inondation qui ne laissent aucun moyen de s'opposer à la rapidité de leurs progrès.

En admettant donc ce prétexte de la nécessité, pour excuser la moindre atteinte portée à l'intérêt de la dette publique, dans les mains des créanciers de l'État, il resterait à prouver que cette nécessité existe réellement. Mais, nous l'avons déjà dit, arguer de la nécessité est inadmissible ; et quoiqu'il vaille mieux sans doute que la dette publique périsse au lieu de la nation, il n'en est pas moins vrai qu'une mesure de cette importance ne peut être prise que dans le cas d'une nécessité absolue et irrésistible : nous savons que *nécessité n'a pas de loi ;* mais jusqu'ici rien au monde ne pourrait justifier un acte d'une aussi déplorable portée.

Aujourd'hui que le gouvernement anglais paie régulièrement sa dette, ce qui ne le gêne que par l'obligation d'établir un impôt impopulaire pour y parvenir, n'est-il pas raisonnable de faire justice de l'idée que le gouvernement pourrait être forcé un jour à porter une atteinte quelconque aux intérêts de la dette.

Le temps est venu pour nous de diminuer les dépenses et d'améliorer les revenus, plutôt que d'avoir recours à des mesures violentes, quelles qu'elles soient, et surtout telles que celle dont nous venons de parler. Il est bon d'observer à ce sujet que c'est la Grande Bretagne qui, la première, a combattu les principes révolutionnaires. Or, comment l'Angleterre, le champion de la bonne foi et du bon ordre, eût-elle adopté, comme moyen de salut, une mesure qui entraîne avec elle tous les désordres possibles ?

Mais qu'est-ce que la révolution ? Quel est son but principal ? détruire avec fureur ce que la bonne foi, les lois et la morale avaient établi et conservé. Une dette de *six cents millions sterling* est répartie sur tout le royaume ; elle y a pris racine depuis un siècle; arracher cette racine du sol, ce serait, nous n'en doutons pas, jeter le trouble dans la propriété et peut-être bouleverser la monarchie elle-même.

Le besoin de soulager la nation de son énorme dette, une fois admis par le gouvernement, où s'arrêterait-il? ne serait-il pas, comme en France, conduit malgré lui de sacrifices en sacrifices? Aujourd'hui, ce serait le clergé inscrit sur la fatale liste; demain, ce serait la noblesse; le peuple voudrait-il continuer à supporter d'énormes impôts, quand même quelques adeptes mettraient tout au pillage? Comme, dans un naufrage, une partie de l'équipage est dévorée par l'autre, il en arrive de même dans une révolution.

En droit, la dette nationale est une propriété privée, et je ne vois pas comment le public aurait le droit de se l'approprier plutôt que les vaisseaux qui sont dans la Tamise, ou les marchandises qui se trouvent dans les rues de Londres. S'emparer du bien public est sans doute moins impopulaire et plus facile que de prendre des vaisseaux et des marchandises; mais comment peut-il être possible de se rejeter sur la nécessité et le besoin dans un cas plus que dans l'autre? Selon nous, la préférence est due à la propriété des fonds publics, puisque le gouver-

nement ayant renoncé à toute espèce de contrôle, sur ces mêmes fonds, a, dès ce moment,
voulu toujours rester, vis-à-vis des porteurs d'effets publics, dans la même position qu'à l'égard
de tous les autres propriétaires.

Bien des personnes sont portées à accueillir la
mesure désastreuse de l'annulation de la dette,
dans l'idée que ce serait paralyser son effet en
cas de guerre : ces personnes s'imaginent que
l'Angleterre se trouverait ainsi dans une meilleure
position vis-à-vis de l'ennemi, et l'utilité sup-
posée de cet acte d'injustice les réconcilie sans
peine avec son principe.

La meilleure réponse à cette mesure sera l'examen de la question d'utilité : en temps de guerre,
les impôts ne suffisent pas pour faire face aux
dépenses ; supposons la dette annulée et le produit de toutes les taxes appliqué aux besoins
ordinaires, comment alors couvrira-t-on l'excé-
dant des dépenses? Par un emprunt! Le chan-
celier de l'échiquier oserait-il se présenter au
parlement, portant d'une main l'éponge avec
laquelle il aurait effacé la dette publique, et de
l'autre une souscription d'emprunt ou d'effets
publics? Qui voudrait lui prêter alors? probablement un échappé de Bedlam! Mais, supposons
cet emprunt accepté et rempli, voilà une nouvelle
dette nationale qui, de ce moment, est reconnue

annuellement par fraction d'un certain nombre de millions; que le montant de cette dette vienne à effrayer encore quelques personnes, en paralysant l'énergie du gouvernement, et à en fatiguer d'autres par l'établissement de nouvelles taxes, ne viendrait-on pas proposer encore d'annuler cette nouvelle dette nationale. N'oublions pas que les remèdes violens appliqués à de grands maux, finissent presque toujours par les augmenter. Si un ministre à qui il serait impossible d'emprunter, ou qui ne voudrait pas suivre cette marche, aimait mieux établir des taxes annuelles pour couvrir les dépenses de la guerre, que deviendrait alors l'argument de la nécessité qu'on a mis en avant?

En thèse générale, n'est-il pas juste que la propriété de la nation serve à défendre la liberté? Et comment le gouvernement pourrait-il satisfaire à tout ce qu'exige la sûreté de l'État, s'il ne pouvait obtenir un emprunt, dans un cas de nécessité, avec l'intention de pourvoir à la dette publique quand reviendront les temps ordinaires. L'accroissement de la dette publique est sans doute un grand malheur, mais la perte de la liberté et de l'indépendance en est un plus grand encore. C'est en recourant aux moyens de prévenir ce malheur qu'un gouvernement, toujours guidé par l'expérience, prouve que la bonne foi est la meilleure de toutes les politiques. C'est une grande leçon pour les hommes, et qu'ils ne doivent jamais perdre de vue pour leur propre avantage, que le spectacle d'un État éprouvé par le malheur, respirant à peine sous le poids de ses impôts, et néanmoins resté fidèle à ses engagemens, jouissant de la confiance de ses créanciers : confiance qu'il a su mériter, en déclarant leurs propriétés inviolables. Un État semblable donne à ses sujets une grande leçon de morale, quand il proclame ainsi hautement le devoir imposé à tout gouvernement de protéger la propriété; il y a plus encore, tout homme expérimenté découvrira dans cette fidélité de principes concernant les affaires publiques, l'influence naturelle qu'il en retirera individuellement dans les affaires particulières ; car c'est une sorte de surveillance bienfaisante dont l'action est comme une garantie de la bonne foi des particuliers. Telle est la véritable position du gouvernement anglais.

Je laisse à d'autres le soin de déterminer dans quelle proportion la propriété de la dette publique figure dans la richesse nationale, et jusqu'à quel point elle pourrait, en s'éteignant, appauvrir la nation. Une pareille mesure ne ferait qu'augmenter la nécessité et les besoins, et je ne vois pas comment elle y suppléerait. Comme cette violation de la foi publique serait la plus effrayante et la plus inique de toutes les taxes que l'on puisse imposer à une nation, on doit supposer que la terreur qu'elle répandrait nécessiterait d'autres mesures plus violentes, pour dépouiller les sujets de leurs richesses, au moyen de nouveaux impôts, qu'ils seraient obligés de supporter pour un temps qu'on ne saurait déterminer, et auxquels ils ne se soumettraient pas avec moins de répugnance et de regret.

CHAPITRE XIV.

La liberté de la presse n'est pas la seule sauvegarde de la
constitution anglaise.

—

Nous sommes tous, de cœur et d'âme, les amis
de la liberté de la presse ; c'est une compagne de
notre constitution, mais c'est une compagne pros-
tituée, et néanmoins, sans que l'on puisse dire
pourquoi, c'est son meilleur appui : elle s'atta-
che à elle, comme l'ombre au corps. Il est vrai,
du reste, pour suivre la comparaison, que, souvent aussi, l'ombre d'un homme se projette dans
la boue. La presse corrompt, trompe, enflamme
les esprits ; souvent elle dépouille la vertu de ses

attributs, prête aux factions des armes empoisonnées et finit par devenir son propre ennemi, en s'alliant à l'usurpation. Combien ne peut-elle pas produire de maux qu'il serait facile d'énumérer! Voyez l'Angleterre, voyez l'Amérique, voyez partout : elle est en même temps une peste et un salut : mais enfin c'est un mal nécessaire, puisque, sans elle, la liberté ne saurait exister.

Avant la découverte de l'imprimerie, la clameur publique pouvait seule faire justice de mauvais ministres, et en Angleterre les favoris d'Édouard II furent renversés par elle, comme l'aurait fait la presse, si elle eût existé alors. Malheureusement cette presse peut devenir vénale, et il n'est pas douteux qu'en cette circonstance les infâmes favoris ne s'en fussent servis pour pallier leurs crimes, et que, loin de les stigmatiser, elle ne les eût signalés comme des patriotes par excellence, jusqu'à ce qu'on leur eût enlevé les moyens de la corrompre : dès lors aussi, elle eût commencé à ne les représenter que comme de véritables monstres, odieux pour tous. De nos jours, la presse n'est qu'un feu de paille qui produit plus de fumée que de chaleur. Toutefois, l'histoire peut nous faire connaître le caractère et les fautes des hommes qui l'exploitent ; et nous pourrions en tirer des conséquences pour l'avenir, si nous voulions étudier cette puissance qu'on appelle l'opinion publique. Il ne vient à l'idée de personne de nier son influence sur les gouvernemens, mais la grande question est de savoir jusqu'à quel point peut être salutaire l'influence de la presse. Elle peut, sans doute, favoriser la cause de la vérité et de la liberté; elle peut aussi fomenter et provoquer la soif des enquêtes; mais quel est le droit de ceux qui prétendent instruire le peuple? Sont-ils eux-mêmes des savans, ou ne sont-ils rien moins que cela? Le véritable but de la presse devrait être de mettre une nation en état de discerner et de juger : cependant l'expérience nous prouve tous les jours qu'elle tend à obscurcir la vérité. Avec sa manie de décider comme en dernier ressort, elle prive l'opinion publique de son influence et de son autorité pour la livrer tout entière, et toute défigurée, à des fous ou à des fripons qui la pervertissent. Quoi qu'il en soit, sans le secours de la presse, une nation tout entière pourrait être dans les fers, avant qu'elle ait pu le soupçonner. Il n'y a que les gouvernemens purement militaires, qui puissent impunément mépriser les plaintes d'une nation indignée. La presse nous donne, à elle seule, le moyen de mettre au grand jour les menées et les intrigues les plus secrètes du pouvoir; par elle, nous entrevoyons le mal dès sa naissance, et nous sommes à même de discerner ce qui est à critiquer dans le passé et ce qu'il peut y avoir d'effrayant dans l'avenir. Mais par contre, la presse fausse les dispositions de l'esprit public, car le peuple n'est-il pas atteint d'une sorte de maladie morale quand, à force de soupçons, nous le voyons repousser des emplois les hommes les plus intègres, pour les confier, en connaissance de cause, aux individus les plus tarés? Enfin, cette presse n'a-t-elle pas flétri notre liberté et cherché à l'anéantir de fond en comble?

Ici, cependant, nous le répétons encore, *jamais nous ne souhaiterons de voir attenter à la liberté de la presse;* mais, en même temps, nous répéterons que nous n'avons pas la prétention d'expliquer comment on ne meurt pas en se nourrissant de poison.

Concluons donc, d'après ces raisonnemens, que la liberté de la presse n'est pas la cause de la sécurité du peuple anglais et de la stabilité de la constitution. Loin de nous de vouloir établir des théories; mais nous n'en sommes pas moins convaincus que la liberté de cette constitution nous vient plutôt de l'existence politique des *trois pouvoirs*, que de la presse elle-même. Elle peut, sans doute, dénoncer l'oppression et les actes arbitraires; mais aux *pairs* et *aux communes* appartient le droit de les punir.

Nous avouerons qu'il nous est impossible de démontrer comment la tranquillité d'un gouvernement héréditaire peut être assurée par la liberté de la presse; mais rien ne serait plus facile que de prouver combien, dans un état populaire, l'abus de la liberté de cette presse peut donner de force à une faction maîtresse du pouvoir. Là, ce n'est plus au mérite, ce n'est plus à la sagesse qu'elle se dévoue : c'est à la faction, dont le seul intérêt est d'accumuler les richesses et les priviléges sur ses adeptes et les persécutions sur ses rivaux.

Nous connaissons un pays où la presse est employée avec succès pour dissimuler la vérité , et où les colonnes des journaux, rédigées dans le sens exclusif de l'opinion qu'ils épousent, ne sont jamais lues que par ses amis, quoique offertes à tout le monde. Dans ce pays, le langage plus ou moins vrai, les raisons plus ou moins bonnes de chaque parti, sont aussi peu écoutés et aussi peu compris par les partis contraires, que s'il était question pour eux de la langue des Indous ou de la religion du Thibet.

FIN